Conheça outros títulos da
Coleção *Auto-estima*

A arte da prudência, de Baltasar Gracián

A arte de viver, de Sharon Lebell (Epicteto)

Aprendendo a conviver com quem se ama,
de Neale Donald Walsch

A arte da meditação, de Daniel Goleman

A essencial arte de parar, de David Kundtz

Cultivando a saúde do corpo e da mente,
Meditações para a manhã e para a noite e
O poder das afirmações positivas, de Louise Hay

Descobrindo a alegria de viver, de Salle Merrill Redfield

Espiritualidade – Um caminho de transformação, de Leonardo Boff

Faça o seu coração vibrar, de Osho

Histórias para aquecer o coração dos adolescentes,
de Jack Canfield, Mark V. Hansen e Kimberly Kirberger

Histórias para aquecer o coração dos pais,
de Jack Canfield, Mark Victor Hansen, Jeff Aubery
e Mark & Chrissy Donnelly

Lições sobre amar e viver, de Morrie Schwartz

Praticando o Poder do Agora, de Eckhart Tolle

Pequenos milagres, de Yitta Halberstam e Judith Leventhal

JAMES VAN PRAAGH

CONVERSANDO COM OS ESPÍRITOS

SEXTANTE

Título original: *Talking to Heaven*

tradução
Luiz Antonio Aguiar
preparo de originais
Regina da Veiga Pereira
revisão
Sérgio Bellinello Soares
Tereza da Rocha
projeto gráfico e diagramação
Valéria Teixeira
capa
Miriam Lerner
fotolitos
R R Donnelley
impressão e acabamento
Yangraf Gráfica e Editora Ltda.

CIP-BRASIL. CATALOGAÇÃO-NA-FONTE
SINDICATO NACIONAL DOS EDITORES DE LIVROS, RJ

V348c Van Praagh, James
Conversando com os espíritos / James Van Praagh; tradução de Luiz Antonio Aguiar. – Rio de Janeiro: Sextante, 2006
(Auto-estima)

Tradução de: Talking to heaven
Inclui bibliografia
ISBN 85-7542-234-0

1. Van Praagh, James. 2. Médiuns – Estados Unidos – Biografia. 3. Espiritismo. I. Título. II. Série.

CDD 920.913391
06-1905 CDU 929:133.9

GMT Editores Ltda.
Rua Voluntários da Pátria, 45 – Gr. 1.404 – Botafogo
22270-000 – Rio de Janeiro – RJ
Tel.: (21) 2286-9944 – Fax: (21) 2286-9244
E-mail: atendimento@esextante.com.br
www.sextante.com.br

SUMÁRIO

Parte I

A REVELAÇÃO

Capítulo Um

O MÉDIUM

Freqüentemente me perguntam se nasci com o dom da mediunidade ou se me transformei em médium por causa de alguma enfermidade muito grave, ou de um acidente que tenha provocado algum tipo de lesão em minha cabeça, ou, ainda, de uma experiência de *quase-morte*. Por mais impressionantes que possam parecer essas possibilidades, não credito a nenhuma delas os momentos surpreendentes que me iniciaram no trabalho de minha vida.

Não sou diferente das outras pessoas. Todos nascemos com algum nível de *capacidade psíquica*. A pergunta é: sabemos reconhecê-la? Sabemos desenvolvê-la? Como muitas outras pessoas, eu desconhecia o que significava possuir capacidade *psíquica*. Provavelmente, a primeira vez que tive contato com o termo *psíquico* foi assistindo a um show na tevê. Era uma palavra que se aproximava bastante da explicação que eu procurava para certos fenômenos. Por exemplo: por que *adivinhava* coisas a respeito de pessoas que entravam no ambiente onde eu estava? E essa palavra foi também o que levou uma professora na minha escola primária – um colégio católico – a me reter depois da aula.

Ao entrar na sala de aula, meus olhos se encontraram com os de minha professora, Mrs. Weinlick, e um sentimento de tristeza subitamente tomou conta de mim. Aproximei-me dela e disse:

– Tudo vai ficar bem! John foi atropelado, mas apenas quebrou a perna.

Achei que seus olhos iam saltar do rosto. Ela me mandou ficar no fundo da sala, sem me levantar, pelo resto do dia. Mais ou menos uma hora depois, o diretor da escola chegou à porta e chamou Mrs. Weinlick. Sussurrou-lhe alguma coisa e, de repente, ela entrou em pânico, empalideceu e saiu correndo da sala, gritando.

No dia seguinte, Mrs. Weinlick chamou-me para conversar. Deus a abençoe. Foi aquela conversa que me revelou minha capacidade psíquica. No dia anterior, seu filho, John, havia sido de fato atropelado, mas, milagrosamente, apenas quebrara a perna. Mrs. Weinlick perguntou-me:

– Como você sabia o que ia acontecer?

Não consegui responder. Eu apenas... sabia. Ela fixou os olhos em mim e eu comecei a chorar. *Teria eu provocado o acidente que ferira seu filho?*

Bem, nem é preciso dizer que ela me tranqüilizou, dizendo que não me preocupasse.

– Muitas pessoas ficam sabendo das coisas antes de acontecerem. Deus lhe concedeu um dom para, um dia, você poder ajudar outras pessoas. Você é muito, muito especial.

Essa foi a primeira explicação que recebi sobre capacidade psíquica. Quando olho para trás, sinto-me grato a Mrs. Weinlick. Hoje, compreendo perfeitamente minha capacidade de ver e de sentir coisas que não estão no mundo físico. Geralmente, referem-se a isso como o sexto sentido. A capacidade psíquica também é conhecida como intuição. Todos fazemos uso dessa capacidade diariamente, sem nos darmos conta. Quantas vezes você pensa em alguém e, poucos minutos depois, toca o telefone e é justamente aquela pessoa no outro lado da linha? Talvez, no caminho para o trabalho, você tenha a sensação de que seu patrão vai estar em um mau dia e, quando chega, isso se confirma. Ou pensa em uma música e, um instante depois, ela começa a tocar no rádio. Estes são exemplos de capacidade psíquica. Em grego, a palavra *psíquico* quer dizer *da alma*. Quando utilizamos nossa capacidade psíquica, estamos nos sintonizando com a energia de nossa alma, ou com a força vital que habita todo ser vivo.

QUERO VER DEUS COM MEUS PRÓPRIOS OLHOS

Muito antes de eu começar a pensar em minha habilidade psíquica, costumava questionar-me a respeito da existência de Deus.

Fui criado como católico e, nos nove primeiros anos de minha formação, cursei uma escola católica. No entanto, acabei considerando a visão católica de Deus muito limitada e mesmo fantasiosa.

Quanto mais eu tentava acreditar em Deus, conforme Ele fora moldado pelos rituais e leis da Igreja, menos eu sentia Deus dentro de mim. Em minha jovem consciência, a questão era muito, muito simples: "Se Deus existe, quero uma prova!"

Minhas preces foram atendidas quando eu tinha oito anos de idade. Ainda estava deitado na cama, em uma manhã bem cedo, quando senti uma espécie de sopro de vento frio roçar minha face. Puxei o cobertor, enrolei-me nele e olhei na direção da janela do meu quarto. Estava fechada, e bem fechada. Comecei a tentar entender como algum vento poderia ter entrado ali. Olhei para cima, para o teto... e vi uma enorme mão, espalmada para baixo, descendo sobre mim. A mão brilhava – uma luz pulsante, muito branca. Fiquei hipnotizado, mas, talvez porque fosse apenas uma criança, não senti medo algum. Fui subitamente tomado por uma irresistível sensação de paz, amor e alegria. Não escutei nenhuma voz retumbante (como a voz de Deus era descrita na Bíblia) resolvendo minhas dúvidas e revelando meu destino. E, mesmo assim, sabia o tempo todo que aquela visão era Deus. Desde aquele momento, fiquei convencido de que deveria fazer de tudo para experimentar de novo aquela maravilhosa sensação de felicidade. Comecei a entender que havia muito mais na vida do que aquilo que me ensinaram e que eu podia enxergar com meus olhos.

A mão iluminada de Deus foi minha primeira experiência com a clarividência e, apesar da fortíssima impressão que tive e de todo o impacto que representou, jamais contei nada a ninguém. Senti como se aquilo fosse o meu segredo e que, se ousasse contar o que sucedera, ninguém acreditaria em mim.

Recordando outros fatos da minha infância, constato que tive muitas experiências peculiares, provocadas por forças que não pertencem a este mundo. Só fui entendê-las mais tarde, e percebi de forma clara que anunciavam toda uma vida de envolvimento com espiritualismo, suspense e mistério. A profissão de fé da minha vida foi sempre esta: O DESCONHECIDO É APENAS ALGUMA COISA AINDA NÃO REVELADA.

A VIDA DO SEMINÁRIO NÃO ERA PARA MIM

Depois de oito anos na Escola do Sagrado Coração, eu me matriculei no Eymard Preparatory Seminary, no Hyde Park, em Nova York. Minha mãe queria fazer de mim um padre – não era idéia minha. Mas eu sempre quis sair de minha cidade natal e essa foi a oportunidade. A vida no seminário era muito difícil para mim. Pela primeira vez eu me encontrava longe de casa – sentia muitas saudades. Mais do que isso, sentia-me abandonado. Tinha 14 anos e fiquei muito deprimido.

No seminário, me vi de volta a um ambiente onde predominavam a ordem e a disciplina. Muito sensitivo, eu captava as frustrações dos padres e dos outros seminaristas. Eu também queria oferecer minha vida a Deus, mas não queria me tornar um padre por causa das limitações que percebia. Parecia haver regulamentos e regras demais e pouca demonstração prática da palavra de Deus no mundo.

Muitas vezes, assistindo à missa, aquela imagem da enorme mão luminosa me vinha à mente. Eu me perguntava: "Foi essa mão que me conduziu para a escola católica? Foi ela que me trouxe ao seminário?" Não demorou muito para que eu descobrisse...

Aconteceu na semana da Páscoa, na Sexta-Feira Santa. Todos os enfeites do altar haviam sido removidos. Os seminaristas tinham seus turnos de meditação diante do ostensório, que é uma cruz muito alta, feita de ouro e toda ornamentada, contendo as hóstias consagradas que representam o corpo de Cristo. Cada estudante permanecia ali meditando por 30 minutos de cada vez, durante todo o final de semana.

Quando me sentei ali na Sexta-Feira Santa, pela segunda vez em minha vida, senti a presença de Deus. Encontrava-me na pequena capela, olhando fixamente para aquela maravilhosa peça de arte adornada com flores. Por mais ou menos 20 minutos, permaneci naquele lugar, apenas olhando, consciente da presença de Deus ao meu redor, sentindo uma imensa tranqüilidade e paz dentro de mim. Foi exatamente a mesma sensação que tive aos oito anos. Novamente senti que aquela era a prova pela qual eu tanto procurava, a prova de que Deus era um ser vivo que tinha um inacreditável amor por mim. Compreendi que Deus estava em toda parte e em tudo – era *ilimitado*. Daquele dia em diante, nunca mais duvidei da existência de Deus. Bastava olhar dentro do meu coração para vê-Lo e senti-Lo.

Depois dessa experiência, soube que não havia mais nada para aprender no seminário. Dei-me conta de que Deus era parte de mim e de cada coisa que realizo. Deus é amor incondicional, compreensão, compromisso, justiça e honestidade. Cada um de nós tem Deus dentro de si.

A vida no seminário me ensinou muitas coisas e, revendo a experiência, sinto-me grato por tê-la tido. Ironicamente, porém, também me ajudou a decidir que o catolicismo não servia para mim. Encontrei algo mais rico e profundo em que acreditar – o Deus de amor que habitava dentro de mim.

Depois dessas descobertas, me dei conta de que não era mais capaz de adorar o Deus da Igreja Católica. Não podia acreditar numa mitologia centrada na culpa e no castigo. Mas, por favor, não me entendam mal. Qualquer um tem o direito de acreditar no que quiser. Estou apenas falando da minha própria formação religiosa.

COMUNICAÇÃO COM O OUTRO LADO

Deixei o seminário depois de um ano e entrei para uma escola pública em Nova York, onde estudei mais três anos. Afastei-me de casa novamente quando fui para a Universidade de São Francisco, para fazer um curso de radiodifusão. Sonhava em ser roteirista de cinema e de tevê. Levado pela sorte, coordenando uma conferência com a equipe de criação do seriado *Hill Street Blues*, tornei-me amigo de um dos produtores do programa. Quando lhe disse que estava perto de me formar, ele me ofereceu o que considerei minha primeira oportunidade real. Nunca esquecerei aquelas palavras mágicas:

– Ligue para mim quando chegar a Los Angeles. Poderemos empregar você como assistente de produção.

Assistente de produção! De repente, minha vida parecia encaminhada.

Cheguei a Los Angeles em 7 de julho de 1982. E, ao telefonar para o meu amigo, o produtor, descobri que não havia emprego algum.

Sobrevivi à custa de empregos temporários, até arrumar uma colocação de tempo integral no porão da Agência William Morris. Era responsável pela charmosíssima tarefa de arrancar os grampos dos arquivos que estavam sendo preparados para microfilmagem. Passava o dia sonhando me tornar um famoso roteirista de cinema e gozar de uma vida fantástica. Embora não fosse o trabalho dos meus sonhos, tinha a estranha sensação de que era importante para mim permanecer ali. Logo descobriria a razão.

Um dia, minha supervisora, Carol Shoemaker, convidou-me para acompanhá-la a uma consulta marcada com um médium chamado Brian Hurst. Eu não tinha a menor idéia do que era um médium, mas aquela era pelo menos uma chance de sair da sala de correspondência e descobrir algo novo.

Um inglês sorridente com grandes olhos verdes nos recebeu na porta. Quando se apresentou, achei-o simpático demais para a profissão que exercia. Brian levou meia hora descrevendo a experiência que estávamos prestes a ter. Explicou que era *clariauditivo* – literalmente, ele era capaz de escutar as vozes dos espíritos.

– Os espíritos estão numa vibração muito mais rápida. Falam muito rápido. Às vezes, parece o código Morse. Pego fragmentos de informação do que dizem, como se fossem pios e bips.

Ao terminar a explicação, ele disse que o pai de Carol estava de pé, no canto da sala.

– Parece que ele feriu um dos dedos.

Carol respondeu que seu pai havia cortado um dos dedos pouco antes de morrer. Eu estava espantado. *Como ele poderia saber disso?* Fiquei sentado na beira do sofá enquanto Brian continuava a falar do pai de Carol.

Perto do fim da sessão, Brian virou-se para mim e falou:

– James, você sabe que tem poderes mediúnicos muito desenvolvidos? Os espíritos estão me dizendo que um dia você dará consultas como esta. Os seres espirituais têm planos para você.

Não sabia como responder a essa predição. Meus objetivos na vida eram completamente diferentes. E não estava absolutamente pronto para uma guinada de 180 graus. Um pouco nervoso, retruquei:

– Tenho problemas suficientes querendo entender os vivos. Por que iria começar a falar com os mortos?

Brian simplesmente sorriu e, com toda a calma, assegurou:

– Um dia você vai fazer exatamente isso.

A EXPLORAÇÃO DE MEUS PRÓPRIOS PODERES PSÍQUICOS

A predição de Brian ficou me atormentando por muitos meses depois dessa sessão. Na ocasião, ele havia explicado que nem todo mundo era capaz de elevar sua própria vibração a um nível que permitisse a comunicação direta com os espíritos.

– Felizmente, James, você possui essa capacidade.

Fiquei fascinado com o contato de Brian com o mundo espiritual e muito curioso a respeito do que ele afirmara sobre a possibilidade de eu fazer a mesma coisa. Em meu coração, já sabia que aquele seria meu futuro, e que todas as minhas experiências até então tinham me preparado para essa mudança de rumo. Mas minha cabeça não conseguia aceitar essa estranha perspectiva. Não era essa a vida que eu havia planejado. Mas decidi avaliar meus poderes psíquicos.

Comprei todos os livros que pude encontrar sobre poderes psíquicos e desenvolvimento da mediunidade. Muitos deles descreviam diferentes técnicas para trabalhar a habilidade psíquica que todos possuímos.

Algumas dessas técnicas estão exemplificadas a seguir: eu precisava segurar um objeto bem próximo aos meus olhos e verificar que sensações poderiam surgir diante daquilo que tinha nas mãos. Essas sensações poderiam ter a forma de imagens, sons, nomes ou emoções. Outra técnica consistia em segurar o retrato de uma pessoa ou de um grupo de pessoas e escrever em um pedaço de papel todos os pensamentos que me ocorressem envolvendo as pessoas na foto – suas idades, seus gostos, o que lhes desagradava, se estavam felizes, tensas ou preocupadas a respeito de alguma coisa, e assim por diante. Um dos exercícios exigia a participação de um grupo. Uma pessoa tinha que se sentar em uma cadeira, de frente para as demais. Outra precisava postar-se de pé um passo atrás da pessoa sentada, fora de seu campo de visão. A pessoa sentada deveria descrever tudo o que sentia a respeito da pessoa de pé. Seria a energia de um homem ou de uma mulher? Quais eram as características mais marcantes dessa pessoa? Como eram suas roupas? A pessoa usava óculos?

Todos esses exercícios são concebidos para ajudar a pessoa interessada a utilizar suas sensações, e não seu lado racional, para captar o mundo ao seu redor. Logo eu estaria incorporando muitos deles ao meu cotidiano. Por exemplo, no caminho para o escritório, tentava adivinhar qual elevador chegaria primeiro ao térreo. Ou tentava intuitivamente visualizar as cores das roupas que meus colegas de trabalho estariam vestindo. Quanto mais exercitava minha intuição, mais meus palpites mostravam-se corretos.

Quando adquiri mais confiança na minha intuição, passei a captar coisas sobre as pessoas – comecei a ler as pessoas. Funcionava do mesmo jeito que eu fazia com os retratos. Eu tentava captar o que estava se passando no íntimo dos outros. Tratava-se de uma boa pessoa? Estaria escondendo alguma coisa? Era feliz ou triste? Quais seriam seus desejos na vida? O que a motivava? Registrava minhas sensações e então verificava com a pessoa se o que eu havia captado intuitivamente se encaixava com a realidade. No início, levei algum tempo até descobrir que perguntas fazer a mim mesmo. Mas depois, em poucos segundos, eu era capaz de *ler* a pessoa com facilidade.

Após um ano seguindo meu programa de desenvolvimento da intuição, minha sensitividade havia crescido enormemente. Meus colegas de trabalho começavam a me perguntar coisas sobre o futuro. A maioria das dúvidas dizia respeito a relacionamentos – e essas vibrações eram as mais fáceis de ler. Comecei a captar imagens mentais dos rostos das pessoas sobre quem conversávamos. Quase sempre, conversando ao telefone com a pessoa, eu era capaz de descrever suas características físicas. Podia também dizer que tipo de sentimento havia entre os dois.

Não quero dar a impressão de que nunca erro. Claro que erro. Só quis explicar que, para mim, o modo mais fácil de ler as pessoas é através das emoções. As emoções são energia em estado bruto e, quer se dêem conta ou não, a maioria das pessoas traz o coração à flor da pele.

Com o correr do tempo, fui me acostumando progressivamente a usar minha intuição, que com isso tornava-se cada vez mais forte, aumentando minha confiança nela. Logo meus amigos e os amigos dos meus amigos começaram a me fazer perguntas sobre suas vidas. Nunca me ocorreu lhes cobrar por isso, porque ainda estava aprendendo. Além do mais, minha maior recompensa era ver confirmadas minhas impressões intuitivas. Foi durante esse período de aprendizado que a predição de Brian sobre a comunicação com os espíritos revelou-se correta. Estava falando ao telefone com uma jovem sobre um problema que ela estava vivendo.

Subitamente, tive o irresistível desejo de lhe perguntar se ela conhecia alguma Helen.

– Sim... Minha avó se chamava Helen. Ela morreu faz um ano.

– Ela está me enviando um pensamento sobre... Idaho – continuei.

– Era onde ela morava! – exclamou a jovem.

– Sua avó está me dizendo que costumava fazer crochê e que fez algumas almofadas para o sofá. Diz que insistia em manter seu banquinho para os pés no lugar certo o tempo todo. Ela diz também que adora ficar olhando para o estampado de rosas que forra o banco. Helen quer que você saiba que fez um igual àquele, no céu.

No outro lado da linha fez-se um longo silêncio. A garota estava chocada, mas pôde constatar que tudo o que eu disse era verdade. Desliguei o telefone e, imediatamente, engoli duas aspirinas. Não conseguia acreditar no que estava acontecendo. A predição de Brian havia se confirmado – eu, de fato, conversava com os espíritos. Mesmo depois de tudo o que estudara e o que já havia vivido, não estava de forma alguma preparado para aquele momento. Todo um mundo novo de inacreditáveis sensações e descobertas havia se aberto para mim. As possibilidades eram excitantes; e as responsabilidades, enormes.

Descobri que, quando eu elevava minha vibração para atingir o outro lado, a conexão me infundia uma incrível sensação de liberdade, de amor e de alegria. Era o que eu havia sentido ao captar a presença de Deus quando criança. Manter a vibração naquele nível me exauria, mas a recompensa valia a pena. A dificuldade começava quando a sessão já havia terminado e eu precisava me situar novamente no mundo tridimensional, no mundo físico. Precisei desenvolver todo um novo sentido de equilíbrio para não enlouquecer.

Os pedidos se avolumavam. Em pouco tempo, eram tantos que cheguei à conclusão de que precisava fazer uma escolha. *Deveria permanecer no meu novo emprego, no departamento de contratos da Paramount, ou deveria exercitar o dom que recebera, com dedicação integral?* Na verdade, nunca houve escolha. Foram tantas as experiências por que passei que me levaram àquele ponto, que somente me faltavam coragem e autoconfiança para dar o passo seguinte. E foi o que eu fiz.

Nos últimos 10 anos, tive o privilégio de conversar com milhares de pessoas através de consultas individuais, encontros de grupos, simpósios internacionais e, mais recentemente, no rádio e na televisão. As experiências – algumas das quais você vai conhecer neste livro – têm sido extremamente gratificantes, intensamente envolventes do ponto de vista emocional e extraordinariamente positivas. Aprendi a me libertar dos condicionamentos do meu ego e permitir que a minha vida se dirija para onde quiser me levar. Tem sido, com toda a certeza, uma aventura das mais excitantes. E mal posso esperar para ver o que virá depois.

Capítulo Dois

O DOM

O que é energia? Energia é tudo. Para defini-la em termos bastante simples, a energia é composta de moléculas girando ou vibrando em várias velocidades. Em nosso mundo físico, as moléculas giram em uma velocidade muito baixa. No mundo físico, também, tudo vibra em uma velocidade constante. É por isso que as coisas na Terra parecem sólidas. Quanto menor a velocidade, mais densa ou mais sólida é a coisa – por exemplo, a cadeira na qual você está sentado, este livro que você lê, a casa em que vive e, é claro, o seu corpo físico. Para além do mundo tridimensional, as moléculas vibram muito mais rapidamente. Portanto, em um ambiente tão sutil ou em uma dimensão etérea como é o mundo espiritual, as coisas são mais livres e menos densas.

Dentro de nosso corpo físico há um outro corpo usualmente chamado de corpo astral, etéreo, ou corpo espiritual. Esse corpo é uma réplica exata de nosso corpo físico e, como tal, possui olhos, cabelos, mãos, pernas e tudo o mais. A grande diferença entre nosso corpo físico e o corpo etéreo é que as moléculas deste vibram em uma velocidade muito maior do que as da sua contraparte física. Normalmente, não podemos ver o corpo astral. No entanto, algumas pessoas, valendo-se de poderes psíquicos, são capazes de enxergá-lo. Durante a transição que chamamos de morte, o corpo etéreo é liberado do corpo físico. O corpo etéreo não é sujeito a moléstias, nem ao envelhecimento, como acontece com o corpo físico, e pode mover-se de um ponto a outro através do pensamento.

UM MÉDIUM PODE TER MUITAS HABILIDADES

Aqueles que são capazes de sintonizar a vibração mais veloz própria dos corpos espirituais depois da morte, seja de maneira física ou mental, são chamados sensitivos ou médiuns. Como o termo sugere, um médium é um mediador ou intermediário, uma pessoa que transita entre o mundo físico e o espiritual. Um médium é capaz de usar sua energia para ultrapassar o tênue véu que separa a vida física da vida espiritual.

O termo *psíquico* é usado freqüentemente como uma palavra genérica para denominar quem se dedica ao trabalho paranormal. Todos somos psíquicos em algum nível, mas nem todos são médiuns. Em outras palavras, os médiuns são psíquicos, mas nem todos os psíquicos são médiuns. Tanto o poder psíquico quanto a mediunidade usam os mesmos mecanismos da mente, e ambos são dotados de telepatia. Telepatia é a comunicação de uma mente para outra. Por exemplo, você está com um amigo e, de repente, diz exatamente o que ele está pensando. Seu amigo, então, exclama: "Puxa, você tem poderes psíquicos!" Uma pessoa dotada de tais poderes é capaz de ler um objeto inanimado ou uma outra pessoa, sintonizando a energia que emana desse objeto ou pessoa.

Por outro lado, um médium é alguém capaz de sentir e/ou escutar pensamentos, vozes e impressões mentais do mundo espiritual. Um médium é capaz de tornar-se completamente receptivo à freqüência mais alta ou às energias em que os seres espirituais vibram. Assim, a mente de um espírito se funde à mente do médium ou imprime-se nela. Dessa maneira, a mensagem vai para a mente consciente, e o médium torna-se capaz de dizer o que o espírito está pensando ou sentindo. A mediunidade exige mais envolvimento do que o poder psíquico, porque o médium está lidando com uma energia desencarnada. O médium trabalha diretamente com o espírito, e ambos precisam estar dispostos a tomar parte no processo de comunicação – de outra forma, não haverá comunicação alguma.

O conceito de mediunidade fica mais evidente nos sonhos. Muitas vezes, sonhamos com parentes ou com amigos que já morreram. Alguns desses sonhos parecem tão reais que somos capazes de afirmar que estivemos com eles. Isso ocorre porque, enquanto sonhamos, estamos de fato com nossos entes queridos em um plano espiritual. Quando dormimos, nosso corpo astral ou etéreo viaja para regiões não terrenas onde reencontramos aqueles que amamos e com quem podemos nos comunicar.

A mediunidade pode ser dividida em muitas categorias. A primeira, e a mais comum, é a mediunidade mental que se utiliza da mente intuitiva, cósmica, não da mente racional e lógica. Esse tipo de mediunidade manifesta-se de diversas maneiras: clarividência, clariaudição, clarissensibilidade e pensamentos inspiradores.

Clarividência

A palavra significa *visão clara*. Um clarividente aplica sua visão interior para ver objetos, cores, símbolos, pessoas, espíritos, cenas. Essas imagens não aparecem para o olho normal e, geralmente, surgem como um flash dentro da mente do médium, como se ele as estivesse vendo fisicamente. Na maioria dos casos, devem ser reconhecíveis para a pessoa que consulta o vidente, a quem passarei a me referir como consulente.

Clariaudição

O termo significa *audição clara*. Um clauriaudiente possui o que se pode chamar de ouvido psíquico ou ouvido sensitivo. É capaz de escutar sons, nomes, vozes e músicas que vibram numa freqüência mais alta. Assim como os cachorros, cuja audição capta freqüências mais altas que os humanos, os médiuns desse gênero também conseguem ouvir nessa freqüência. A clauriaudição transmite ao consulente as palavras que o médium capta. Embora ele escute as vozes dos espíritos ou seus murmúrios com a mesma inflexão que usariam em suas vozes terrenas, transmite ao consulente as palavras em sua própria voz.

Clarissensibilidade

Essa forma de mediunidade se expressa através de *sensações claras*. Um médium dotado de clarissensibilidade é capaz de sentir a presença dos espíritos no ambiente. Um verdadeiro médium com esse dom normalmente sente a personalidade espiritual penetrando em seu ser como um todo. Ele é capaz de transmitir mensagens ao consulente através de sentimentos e emoções fortes e empáticos vindos do espírito. Não apenas a mente do médium é utilizada no processo, mas também seu corpo emocional.

Pensamentos inspiradores

Também chamado de fala inspiradora, escrita inspiradora e arte inspiradora, é o tipo de dom em que o médium recebe pensamentos, impressões e conhecimentos – sem nenhuma premeditação. Os pensamentos inspiradores são extremamente objetivos. Não carregam nem a intensidade emocional nem a personalidade espiritual acopladas à mensagem, como acontece na clarissensibilidade. Embora os pensamentos inspiradores provenham dos espíritos, a personalidade do espírito não se imprime no receptor.

Em muitos casos, um grupo de almas pode imprimir um receptor terreno com pensamentos inspiradores. O grupo de almas funde seus pensamentos e os imprime na pessoa, que assim compõe uma melodia ou pinta um quadro. Aqui também o processo não corre no plano emocional, mas puramente através da inspiração. Grandes artistas como Michelangelo, Monet, Renoir e compositores como Bach, Mozart e Schubert eram médiuns. Famosos cientistas e pesquisadores do passado também eram médiuns e utilizavam pensamentos inspiradores. Hoje em dia, à nossa volta, temos maravilhosos artistas, músicos, escritores, atores e oradores que usam a arte mental mediúnica dos pensamentos inspiradores.

O segundo tipo de mediunidade é a física, e difere bastante da mediunidade mental. Na mediunidade física, o corpo físico desempenha um papel; na mediunidade mental, apenas a mente do médium entra em ação. A recepção é uma forma bem conhecida de mediunidade física.

Há uma substância que emana de nossos corpos chamada ectoplasma. A palavra vem do grego *ektos* – que vem de fora, externo – e *plasma*, algo moldado. O ectoplasma foi descoberto pelo Dr. Charles Richet, um professor francês de fisiologia, depois de observar uma substância nebulosa que emanava do corpo de diversos médiuns. O ectoplasma é invisível, e ainda assim varia de estado e de densidade. Pode aparecer como gás, líquido ou – mais comumente – algo semelhante a uma gaze, como a que é utilizada em ataduras. Pode ser encontrado na maioria das pessoas, mas é especialmente desenvolvido nos médiuns. Pode ser melhor visto no escuro, já que é uma substância extremamente sensível à luz. O ectoplasma pode emergir dos ouvidos do médium, da boca, do nariz ou da área do plexo solar. Esse material viscoso pode ser utilizado de várias formas, como veremos a seguir.

A caixa de voz

Nesse tipo particular de mediunidade, o ectoplasma é utilizado para formar uma caixa de voz artificial através da qual emana a voz do espírito. A voz é semelhante ou mesmo exatamente igual à do indivíduo quando este vivia no plano terreno. Tive a sorte de consultar-me com o famoso Leslie Flynt, um médium inglês de dons físicos. Na minha terceira consulta, minha mãe apareceu e sua voz soava exatamente a mesma de quando estava viva. Ela me chamou pelo meu apelido, que ninguém mais sabia além de nós dois. Infelizmente, esse tipo de mediunidade é raro. Conheço apenas um outro médium ainda vivo capaz de criar tal fenômeno.

Materialização

Essa é a forma mais rara de mediunidade física e a mais impressionante. Os espíritos podem moldar qualquer coisa, desde membros do corpo, rostos, cabeças, torsos, até o corpo completo, réplicas exatas de sua aparência terrena. A densidade dessas materializações depende bastante do estágio de desenvolvimento do médium.

Transporte

O transporte é o fenômeno pelo qual diferentes objetos tais como jóias, flores, moedas e outros materializam-se durante a sessão.

Cura espiritual

Uma outra forma de mediunidade é a cura espiritual. O corpo de um médium é imbuído de energia curativa proveniente do mundo espiritual. Depois de muita prática, um médium pode até mesmo curar diversas enfermidades consideradas fatais.

Fotografia espiritual

Esse tipo de mediunidade é mais comum. Figuras com aparência fantasmagórica ou réplicas exatas de indivíduos desencarnados aparecem em fotografias. Podem ser vistos também nessas fotos luzes ou clarões esbranquiçados e flashes.

Sou um médium mental e me utilizo dos dons da clarividência e da clarissensibilidade. Sou apenas um telefone do mundo espiritual. Para sintonizar os pensamentos e sentimentos dos espíritos, preciso elevar minhas vibrações e, em contrapartida, o espírito precisa baixar as suas. Algumas vezes, isso pode ser muito difícil. Geralmente, não escuto frases inteiras, como acontece numa conversação normal com seres humanos. Quando um espírito diz "Olá, como você está hoje?", posso escutar "...á, como... je?".

Quando atendo um consulente, posso imediatamente dizer se está nervoso, zangado, apreensivo, assustado, meditativo, aberto ou fechado ao que irá acontecer. Em outras palavras, posso sentir a energia que o rodeia.

COMUNICAÇÃO COM OS ESPÍRITOS

Quando capto sutis energias intensificando-se em torno de mim, relaxo e abro minha mente para aqueles que desejam comunicar-se. Repito para o consulente tudo aquilo que recebo, sem pensar nem tentar interpretar as palavras. Mesmo que o pensamento não faça sentido para mim, pode muito bem ser compreendido pelo consulente. Embora tente não analisar o que escuto, acabo fazendo isso algumas vezes. No entanto, preciso lembrar constantemente que aquilo que pode parecer irrelevante para mim pode ser importante para o consulente.

Mais ainda, na clarissensibilidade posso sentir a situação de morte associada ao indivíduo que empreende o contato. Quando o espírito retorna à atmosfera terrena, capta a lembrança associada à sua última experiência neste plano. Por exemplo, quando determinada pessoa morre de um ataque cardíaco, posso sentir sua presença espiritual por meio de uma dor opressiva atravessando meu peito. Se a morte ocorreu de maneira súbita, tal como um assassinato, pode haver uma espécie de solavanco no meu corpo. Se a pessoa se mata com um tiro, a sensação é uma dor aguda na região na qual a bala entrou. Minhas primeiras impressões se manifestam em um nível emocional. Portanto, se o espírito está contrariado e chorando, posso sentir-me deprimido também e começar a chorar. Se um espírito está rindo, contando piadas, também começo a rir.

A personalidade do espírito quase sempre acompanha os sinais emocionais transmitidos. Por exemplo, se o espírito na vida terrena tinha uma personalidade autoritária, minha voz pode assumir um tom de comando. Se o indivíduo era pouco emotivo e fechado para seus sentimentos, o médium terá muita dificuldade em descrever suas emoções.

Normalmente, os espíritos transmitem mensagens que o consulente compreende com facilidade. No começo da transmissão, o espírito dará seu nome, ou contará onde viveu, ou narrará um fato insignificante, mas que forneça ao consulente a prova de que seu ente bem-amado está presente. Por exemplo, a avó de um consulente poderá falar sobre aquelas caixas de livros que o neto recentemente desempacotou, arrumando os volumes na segunda prateleira de sua estante. São as revelações mais simples que provam ao consulente que o espírito existe e que está de fato se comunicando com ele.

Precisamos nos dar conta de que, quando alguém passa para o outro lado da vida, isso não significa que tenha desvendado os segredos do Universo. Na morte, apenas o corpo físico é descartado, assim como nos desfazemos de um casaco velho. De fato, a personalidade permanece a mesma, completa, com os mesmos gostos, preconceitos, talentos e atitudes. Com o tempo, um espírito pode progredir para um nível espiritual mais elevado e talvez iluminar-se. Mas isso varia bastante de um caso para outro. Precisamos entender que o conhecimento de um espírito sobre as coisas em geral está apenas um pouco acima da nossa compreensão.

Uma comunicação bem-sucedida ocorre quando existe um forte desejo de encontrar-se, de ambos os lados. Podemos todos nos comunicar com nossos entes queridos já falecidos. Tudo o que precisamos fazer é abrir a mente e adotar uma postura de mútua compreensão, amor e energia. Quando conseguimos, assombrosas descobertas colocam-se ao nosso alcance.

Capítulo Três

Guias espirituais

A espécie humana sempre acreditou na existência de seres elevados, ou anjos. Embora se trate de uma concepção mitológica, a idéia de alguém nos guardando *lá de cima* é amplamente aceita.

De fato, possuímos anjos da guarda ou guias que interferem por nós e nos assistem em nossas missões terrenas.

Os espíritos-guias são exclusivos para cada pessoa

Há muitas espécies de guias e, para mim, anjos da guarda e guias são a mesma coisa. Antes de nascermos, traçamos um projeto para nossa jornada na vida. Quando nos desviamos de nosso caminho, um guia nos ajuda a retomá-lo. Dependendo de nossa evolução espiritual – algo bastante individual – e do trabalho que temos pela frente na Terra, reservaremos para nós diversos guias, entre três categorias distintas.

O primeiro grupo de guias são os guias pessoais. São pessoas que conhecemos em encarnações anteriores ou com quem, através de muitas existências, desenvolvemos certa afinidade. Esses guias nos assistem, lá do seu plano espiritual, imprimindo em nossa mente meios de nos envolver em diferentes situações. Essas impressões são sinais de nossos *guias espirituais*. Na maioria das vezes, essas sutis indicações passam despercebidas. Mas, se dedicarmos algum tempo a nos determos, escutar e avaliar nosso dia-a-dia, podemos começar a enxergar e/ou ouvir essas mensagens espirituais. Lembrem-se: as mensagens e as orientações são sutis, um contato delicado.

Vou dar um exemplo de como funciona uma comunicação espiritual. Você tem uma reunião com um sócio em potencial, com vista a alguma proposta comercial. No trajeto para encontrá-lo, você se depara com uma série de dificuldades. Quando chega ao prédio, a portaria está fechada, e você precisa procurar outra entrada. Você toma o elevador e, quando desce no andar determinado, o escritório está fechado. Há um bilhete na porta dizendo que você deve dirigir-se a outra sala, em outro andar. Finalmente, você encontra o escritório e tem a tal reunião com seu sócio em potencial. Você escuta a proposta e, ao longo da conversação, seu estômago começa a doer. Você está sentindo alguma coisa, mas não sabe o que é. Mesmo assim, você fecha o negócio. Muitos meses mais tarde, depois de investir tudo o que juntou na vida, seu sócio foge da cidade levando seu dinheiro, e aquele que parecia ser o negócio do século desaparece no ar.

Claro que usei um exemplo bastante exagerado. Mas quis mostrar como funciona a ajuda espiritual. Se você tivesse parado para observar todos os obstáculos e dificuldades, teria entendido que *alguém estava tentando lhe dizer alguma coisa!* Seus guias espirituais estavam tentando alertá-lo!

Infelizmente, muitos de nós seguem pela vida como se estivessem caminhando dentro de um nevoeiro e precisam levar uma pancada na cabeça para ficarem atentos a alguma coisa que está acontecendo bem ao seu redor.

Mas, para falar de forma positiva, a orientação espiritual pode acontecer da seguinte maneira: há algum tempo, você está procurando emprego. Não tem tido sorte. Encontra por acaso uma amiga que não vê há muito tempo. Vão tomar juntos um café e se dão conta de que retomam imediatamente o diálogo. Você lhe conta que está procurando emprego e ela lhe diz que na empresa em que trabalha precisam de alguém com suas qualificações. Você imediatamente telefona para marcar uma entrevista e o compromisso é facilmente agendado para o dia seguinte. Você chega para a entrevista na hora marcada. Durante a entrevista, a chefe do departamento, que geralmente se encontra fora da cidade, está disponível para conhecê-lo. Ela chega, a entrevista é ótima e você consegue o emprego.

Percebe a diferença? Tudo no segundo exemplo acontece numa seqüência de felizes coincidências. Só que não acredito em coincidências nem em sorte. Nossos guias espirituais nos conduzem para aquilo que fizemos por merecer. A pessoa em busca do emprego tomou partido dos sinais deixados pelo seu guia. A partir daí, tudo se encaixou.

Uma das primeiras pessoas dotadas de poderes psíquicos que encontrei em Los Angeles me disse algo bastante profundo: *Se tudo está indo bem e parece não haver obstáculo algum, você se encontra aberto para os espíritos e seguindo a orientação do seu guia. Por outro lado, se nada parece funcionar, você não está escutando a orientação de seus guias e vai terminar seguindo o caminho errado.* Grande verdade.

Um guia pessoal pode também ser alguém que você tenha encontrado nesta existência. Pode ser seu pai ou sua mãe, um avô, um tio, uma tia ou um amigo que já tenha passado para o mundo espiritual. Quando alguém se vai, não pára de pensar em você. Os laços de amor gerados na Terra continuam a existir no mundo espiritual.

Uma vez no outro lado, um espírito pode rever toda a sua vida e constatar que deveria ter feito mais para ajudar você quando estava vivo. Agora que tem essa oportunidade, pode tirar proveito de sua condição e ajudá-lo da maneira que for capaz. Pode ser nos eventos do cotidiano, em assuntos familiares ou amparando você em momentos de aflição ou de mudança.

Os guias pessoais possuem meios eficazes de nos orientar em nosso dia-a-dia ou de imprimir na nossa mente a melhor maneira de superar alguma dificuldade. No entanto, é importante perceber que esses seres amados não podem interferir nas lições e nos desafios que nos esperam na Terra, para nossa aprendizagem e nosso crescimento. Para obter maiores benefícios de uma situação em particular, de uma lição para a vida, muitas vezes tudo o que nossos guias fazem é aguardar e observar as decisões que tomamos. Mesmo quando determinada situação parece insuportável, é aí que temos as maiores chances de aprender.

Nunca estamos sós. Nossos guias estão sempre junto a nós. Sua missão espiritual é tomar conta de nós e nos ajudar. Os guias podem mudar com o correr do tempo, dependendo da tarefa em que estamos envolvidos. Mas nunca precisamos chamá-los, porque eles conhecem nossas necessidades e estão sempre dispostos a nos dar a mão.

A segunda categoria de guias é composta de espíritos *especializados*, que vêm a nós por conta de determinadas atividades ou tarefas em que estamos engajados. Guias especializados possuem um certo domínio sobre um campo em especial – algo que estamos desejando empreender. Por exemplo, se você decidir escrever uma história de mistério, seus pensamentos lhe trarão um autor que se especializou nesse gênero. Esse guia pode imprimir em sua mente determinados caminhos ou técnicas para que você desenvolva suas habilidades como escritor a fim de expressar melhor suas idéias. Guias específicos virão a nós se pedirmos sua assistência. Quanto mais aberto você estiver às impressões e às sensações, mais bem-sucedida será a transmissão e melhor será o resultado final.

A terceira categoria de guias compõe-se de nossos *mestres espirituais*. Essas entidades podem ser bastante evoluídas espiritualmente, ou podem até mesmo jamais ter vivido no mundo material. Assim como nossos outros guias, eles também são atraídos por nós de maneira variável, dependendo do nível de evolução espiritual e da capacidade de compreensão de cada um. Os mestres espirituais desejam fortemente nos ajudar em nosso progresso espiritual.

Parte II

AS SESSÕES

Capítulo Quatro

Transições trágicas

Quando os clientes entram em meu consultório, nunca sei que situação estão vivendo ou qual a razão de sua visita. E muito menos tenho qualquer conhecimento sobre os eventos das suas vidas ou quem desejam contatar. Ainda assim, em uma hora, terão compartilhado comigo algo de muito íntimo. Sua dor, seu sofrimento, seus grandes desejos – tudo isso será exposto quando conectarem seus entes queridos. Muitas vezes, durante esses contatos, uma revelação impressionante pode ocorrer. As pessoas ganham novo alento quando descobrem que aqueles que lhes eram tão caros continuam a existir e a comungar com eles o seu dia-a-dia. Para os que estão no plano terreno, a estrada à frente torna-se então mais clara – é como se saíssem de um nevoeiro. De alguma forma, começam a sentir que a vida volta a ter sentido.

O avião

Quando chegam à sessão, muitos de meus clientes estão extremamente perturbados e nervosos. Ainda choram pelos que perderam, sentem-se inseguros a respeito do que podem esperar e nervosos pelo que irão encontrar. Essas fortes vibrações emocionais interferem com a qualidade da comunicação de maneira muito semelhante à estática que um liquidificador ou um aspirador de pó podem gerar em um aparelho de tevê. Para serenar essas vibrações e ajudar a sincronizar as energias presentes na sala, é comum iniciar a sessão com exercícios de relaxamento e de meditação para tranqüilizar as mentes dos meus clientes, o que me ajuda a me comunicar com os seres espirituais mais facilmente.

Marilyn estava visivelmente mais calma quando terminamos a meditação. A dor enorme que captei no momento em que ela entrou em meu consultório fora substituída por uma receptividade tranqüila. Recebi-a em minha sala de sessões e expliquei-lhe o que deveria esperar. Quase imediatamente, senti uma presença masculina, em pé, ao lado de Marilyn.

– Conhece alguém chamado Roger? – perguntei.

Ela respondeu que esse era o nome de seu marido.

– Eu o vejo, cabelo louro-avermelhado. Ele está sempre penteando-o.

Eu imitei o gesto de pentear o cabelo, e os olhos de Marilyn se encheram de lágrimas.

– Ah, sim... ele fazia assim mesmo...

– Ele está me mostrando a cabine de um avião. Os ponteiros e os medidores do painel deixaram de funcionar. Vejo fumaça... fogo... e tudo se apaga. Isso faz algum sentido para você?

Marilyn começou a tremer, levando um lenço de papel aos olhos para enxugá-los.

– Roger morreu num desastre de avião faz um ano. Seu avião caiu durante a noite. Era com ele que eu esperava ter algum contato hoje.

– Ele diz que a ama muito e que estava esperando ansiosamente para conversar com você. Ele está muito animado. Quer lhe desejar um feliz aniversário.

Ela ficou espantada:

– Nosso aniversário de casamento foi na semana passada. Meu Deus!

– Alguém que você conhece está de pé ao lado dele.

Marilyn havia perdido a fala.

– É um garoto pequeno. Seu nome é Tommy. Você o conhece?

Marilyn ficou tão excitada que praticamente berrou, ao exclamar:

– Sim, sim... Tommy é o meu filho. Ele estava no avião com Roger. Foi assim que aconteceu... Tommy pediu ao pai que o levasse para passear de avião.

– Ele está dizendo: "Mamãe, não fique assustada. Estou aqui com o papai." Ele pede a você que vá ao quarto dele e tire da parede o pôster do filme *Guerra nas estrelas*. Diz que não precisa mais dele.

Marilyn balançou a cabeça, sem conseguir acreditar:

– O pôster está pendurado na parede acima da cama...

– Ele acabou de mencionar o nome Bobby... Quer dizer alguma coisa a Bobby...

– É o meu outro filho – explicou Marilyn.

– Tommy está dizendo que não está zangado por Bobby ter tirado sua camisa vermelha da segunda gaveta, nem por vesti-la.

Marilyn emudeceu novamente. Perguntei a ela se sabia o que aquilo significava.

– Bobby está usando essa camisa vermelha hoje. Ele a vestiu pouco antes de eu sair.

Marilyn ficou convencida de que estava em contato com seu marido e com seu filho. Roger prosseguiu, dando-lhes outras informações. Mencionou o nome de um amigo na força aérea, onde esse amigo estava lotado, e quais eram suas funções.

A perda súbita de um membro da família é uma experiência devastadora. O impacto é ainda mais esmagador quando envolve a perda de um cônjuge e um filho que tiveram morte violenta. São feridas difíceis de serem curadas. Ao final da sessão, Marilyn estava se sentindo muito mais leve. Acompanhei-a até o seu carro e ela me disse:

– James, você mudou minha vida! Sinto-me como se uma nuvem escura houvesse saído de cima de mim. Bastou saber que eles estão bem e que estão juntos para me confortar imensamente. Obrigada. Agora posso começar a viver outra vez.

Afogamento

Muitas vezes, mal sento-me com meu cliente e o quarto é ocupado pelos espíritos de seus amigos ou de seus familiares que tentam enviar seus pensamentos, todos ao mesmo tempo. Da mesma maneira que no plano terreno, quando estão todos falando ao mesmo tempo, torna-se difícil decifrar o pensamento de cada um e identificar quem está mandando a mensagem. Na maioria dos casos, entretanto, se o cliente está pensando em alguém em particular, é exatamente esse espírito que primeiro virá a nós. Mas acontece também, às vezes, de um espírito irromper de repente, surpreendendo o consulente.

Mark havia acabado de ter uma magnífica conversa com seu pai, que falecera havia vários anos. Quando já me preparava para encerrar a sessão, senti uma outra presença. Perguntei a meu cliente se conhecia alguém chamado Doug.

Mark ficou pálido e só conseguiu balançar a cabeça, murmurando:

– Sim... O que ele está dizendo?

– Diz para você parar de sair na chuva. E pede que você faça o favor de dizer aos pais dele que ele está bem. Você compreendeu?

Mark assentiu, sempre murmurando:

– Sim... O que mais?

– Ele está dizendo alguma coisa sobre ser pego numa enchente e também que lamenta não ter percebido como era perigosa a situação. É estranho... Ele está falando sobre ter arranjado uma nova bicicleta.

– Eu... estou entendendo...

– Esse garoto morreu afogado? Ele está me passando a sensação de ameaça... um redemoinho... água... Está me mostrando uma imagem dele afundando, vindo à tona, afundando de novo... e seus pulmões... enchendo-se de água.

Pude sentir a opressão em meu peito, à medida que Doug transmitia para meu corpo suas últimas sensações terrenas.

– Estou muito zonzo! Ele está começando a perder a consciência... tudo está escurecendo...

– Minha nossa! – exclamou Mark.

– Você sabe se havia bombeiros ou alguém tentando salvá-lo por perto?

– Sim... Havia uma turma de salvamento que fez de tudo para içá-lo, em vários trechos do rio.

– Ele está contando... que tentou agarrar-se a uma corda, mas não conseguiu alcançá-la.

– Mais alguma coisa? – perguntou Mark, bastante sombrio.

– Está pedindo para você dar um abraço em Max, está me mostrando um boné de beisebol e fala qualquer coisa como... Merla ou Merlin. Isso faz sentido?

– Meu Deus! Max é meu filho... Doug costumava cuidar dele, quando saíamos. Eles se tornaram grandes amigos. E acabei de dar a Max um boné de beisebol que pertencia a Doug. Era um boné dos Florida Marlins.

– Ele espera que Max aproveite bem o presente. E está pedindo a Max para dar um abraço em todos os outros garotos da rua. Agora está falando de novo sobre uma nova bicicleta. Não sei por que – confessei – ele não pára de falar nesse assunto.

A essa altura, Mark estava sentado na beirada da cadeira.

– Não dá para acreditar! – exclamou. – Tudo aconteceu por causa da tal bicicleta. Ele ganhou uma bicicleta nova dois dias antes de a tempestade desabar. A chuva parou e Doug foi pedalando até a margem do rio para checar o que a enchente havia carregado. Mas parece que chegou perto demais e a bicicleta foi arrastada pela água. Ele tentou recuperá-la e então caiu no rio também. A correnteza estava muito forte e carregou-o.

– Ele está feliz por você ter vindo aqui e quer que conte a todos que ele está muito bem.

– Deixa comigo, amigão! – Mark assegurou, voltando seu olhar para o alto.

Poucos dias depois, recebi um telefonema da família de Doug. Estavam impressionados com o detalhamento das informações que haviam obtido de Mark, pois não haviam sido divulgadas pelas emissoras de tevê. Marcaram uma consulta comigo e, semanas mais tarde, estavam conversando com seu filho e se certificando de que ele, agora, desfrutava um outro tipo de existência. Como o próprio Doug explicou a seus pais, sua vida não havia terminado naquela enchente. Seus pais ficaram felizes por constatar que Doug continuava a viver.

Não é o que você pensa

Quando estava escrevendo este livro, precisei rever muitos anos de minha atividade, um número incontável de sessões, com o objetivo de apresentar o que considerava como sendo os tipos mais comuns de encontros entre pessoas saudosas e aqueles que haviam atravessado o véu da morte. Nessa minha pesquisa, deparei-me com determinadas sessões que se destacavam das demais, como a que descrevo a seguir.

Alan e Sandra vieram até mim por recomendação de amigos. Pareciam céticos e muito inseguros quanto a se envolverem em algo tão insólito (para eles) quanto o espiritualismo. Fiz minha introdução de costume e eles escutaram com atenção.

A primeira pessoa que captei foi a mãe de Sandra. Avisei:

– Sandra, sua mãe está aqui. Ela a acompanha muito de perto e diz para você ter cuidado com aquela faca na cozinha.

– Meu Deus! – exclamou Sandra. – Eu a estava afiando hoje e quase cortei meu dedo. Ela estava me observando?

– Só podia ser a sua mãe, porque eu não estava na sua cozinha – respondi.

Sandra sorriu e sua mãe continuou me enviando mensagens.

– Sua mãe diz que gostou muito dos novos móveis do pátio.

– Sim, isso mesmo. Acabamos de comprar alguns móveis. Minha mãe gostava muito de sentar-se no pátio quando morava conosco.

– Ela tem muito senso de humor. Acabou de dizer que se sentava ali esperando a morte.

Subitamente fui interrompido pelos pensamentos de outro espírito que insistia em ser ouvido.

– Sim, eu estou escutando você... – disse ao espírito. – Há alguém com a sua mãe, Sandra. É um jovem... alguém que viveu muito pouco. Sua mãe me diz agora que você esteve chamando por ele.

Os olhos do casal encheram-se de lágrimas. Prossegui, perguntando:

– O nome Steven quer dizer alguma coisa para vocês?

Eles ficaram pálidos e começaram a chorar. Steven era o filho do casal e, aliás, a principal razão de terem vindo me ver.

– Steven está muito agitado! – continuei. – Ele não se sente em paz. Tem tentado chegar a vocês há algum tempo. Ele diz que sabe que sua morte destruiu a vida de vocês também e diz que lamenta muito pelo que passaram. Ele tentou corrigir um erro... Não sei do que está falando. Vocês entendem?

– Acho que sim – disse Allan. – O que mais ele está dizendo?

– Nossa... Ele está me enviando uma sensação fortíssima de ardência. Sinto como se minha cabeça tivesse sido estourada... reduzida a pedaços. Sinto muito, mas essa é a sensação que ele está me transmitindo. Ele levou um tiro? Foi isso?

– Sim...

– Steven diz que foi encontrado morto em seu quarto...

– Foi isso mesmo!

Ambos enxugaram os olhos.

– Sinto muito ter que lhes contar isso... Mas creio que seu filho estava envolvido com drogas... ou pelo menos as vinha experimentando.

– Nós descobrimos isso também! – afirmou Sandra.

– Seu filho é muito forte. Ele está gritando... Foi Ronnie! Quem é Ronnie?

– Era um de seus amigos.

Foi então que transmiti a informação que mudou completamente não apenas os sentimentos do casal, mas também os meus.

– Seu relógio. Ele está falando sobre seu relógio de ouro...

– Não conseguimos encontrá-lo, depois que Steven morreu – explicou Allan. – E procuramos em todos os cantos.

– Seu filho o deu a Ronnie, como pagamento. Ronnie estava muito zangado. Sabem se houve alguma briga entre eles?

– Não...

– Steven está gritando para mim: "Eu não me matei. Foi Ronnie. Foi ele que fez isso comigo!"

Baixou um silêncio quase mortal entre nós. Não conseguíamos acreditar no que havia sido dito. É muito raro um espírito vir até nós para revelar o nome de seu assassino. Nesse caso, Steven queria justiça. Recostei-me na cadeira e tentei me recompor, antes de continuar.

– Steven está dizendo alguma coisa sobre suicídio. Vocês acreditam que ele cometeu suicídio?

Ambos confessaram que sim...

– Seu filho está tentando dizer que estão enganados. Ele não se mataria. A polícia chegou a questionar a hipótese de suicídio?

– Não – disse Sandra. – Foi nisso que todos acreditamos. Que Steven se matou porque estava envolvido com drogas. Acharam drogas em suas roupas.

– Estou captando com muita clareza que seu filho e esse garoto chamado Ronnie tiveram uma briga a respeito de drogas e de dinheiro. Alan, você possui uma pistola? Uma arma pequena?

– Sim... foi essa a arma utilizada...

– Ele me disse que a apanhou em uma gaveta no fundo do armário. Foi isso mesmo?

– Jesus Cristo! Como é que você poderia saber disso? Sim, foi isso mesmo.

– Seu filho continua a me mostrar uma briga por causa de dinheiro. Steven devia dinheiro a Ronnie. Esse rapaz estava realmente perturbado, sob o efeito de alguma substância na hora. Seu filho agora está me mostrando uma garagem. É uma garagem de tijolos, com uma porta branca. Tem três janelas pequenas. Ele a abre e vai em direção a uma parede lateral, à esquerda.

– Mas nós não temos uma garagem. O que isso quer dizer?

– Não sei. Mas guardem isso... Por favor. Pode fazer sentido mais tarde. Seu filho está bem e feliz agora por ter lhes contado isso. Ele disse que vocês compreenderão tudo algum dia. Peguem o tal Ronnie. – Parei um pouco. – Sua mãe está entrando de novo. Ela diz que vocês ajudaram muito o Steven. Ele está bem agora.

Ambos sorriram. A sessão prosseguiu por mais um tempo. Steven falou a respeito do seu funeral e do quanto desejou que sua mãe não sofresse tanto, à beira do túmulo. Enfim encerramos e nos despedimos. O casal estava convencido de que fizera contato com seu filho. Garantiram que escutariam a fita outra vez para tentar entender melhor a incrível informação recebida.

Muitos meses mais tarde recebi um telefonema de Sandra. Ela queria agradecer a ajuda que sua família recebera de mim e me pôr a par de tudo o que acontecera nesse ínterim. Eles haviam contatado a polícia e conversaram com um detetive que sabia da morte de seu filho. O detetive foi investigar a história sobre Ronnie. Quando visitou a casa de Ronnie, encontrou a garagem de tijolos com as três janelas. À esquerda, por trás de um painel na parede, havia um quilo de heroína escondido, além de outras drogas, e o relógio de ouro de Steven. O detetive levou Ronnie sob custódia e, depois de interrogado, o rapaz finalmente admitiu que Steven lhe devia algum dinheiro pela compra de drogas. Steven ofereceu-lhe seu relógio como pagamento. Ronnie ficou com ele, mas ainda exigia mais – queria dinheiro. Certo dia, Ronnie foi à casa de Steven querendo receber e Steven pegou o revólver de seu pai para se proteger. Quando Steven disse a Ronnie que não tinha mais dinheiro, Ronnie tomou a arma e disparou um tiro na cabeça dele. Ronnie foi julgado e está cumprindo pena de prisão perpétua em uma penitenciária estadual.

O fuzileiro naval

As pessoas deixam esta vida de variadas formas. Algumas se vão serenamente, durante o sono, outras tomam a iniciativa, outras ainda sofrem algum tipo de acidente. Embora escolhamos a maneira como vamos morrer muito antes de entrar no plano terreno, nenhuma parece exercer maior impacto sobre aqueles que ainda permanecem na forma física do que as transições violentas.

Em muitos casos, uma pessoa que parte violentamente ou de

modo súbito não está ciente de que o processo da morte ocorreu. O trauma acontece tão repentinamente que o corpo espiritual pode ser literalmente arrancado do corpo físico. O espírito pode até mesmo permanecer desconhecendo sua nova condição por muitos anos. Durante esse tempo, um espírito pode visitar todos os lugares familiares à sua existência terrena e até mesmo acreditar que ainda esteja vivo, talvez sonhando. Chama-se a esse fenômeno espiritual alma perdida ou, como muitos o denominam, fantasma. Felizmente, muitos espíritos no outro lado empenham-se em resgatar essas almas perdidas e confusas.

Existem diversas maneiras de lidar com as almas perdidas, quando passam a nos perturbar. É só lembrar que elas possuem a força e a capacidade de controle que lhes permitimos ter. Você está sempre no comando e precisa conscientizar-se disso a cada momento. Na maioria dos casos, o espírito não se dá conta de que já não pertence ao mundo físico – assim, deve-se sempre iniciar o contato com essa idéia em mente. O que aconselho é ir ao lugar da casa mais afetado pelos distúrbios. O tempo necessário para se remover esse tipo de energia varia de caso para caso. Antes de começar, aconselho-o a realizar um ritual de proteção e pedir aos seus guias espirituais e anjos da guarda que permaneçam com você e o auxiliem. Isso deve anteceder qualquer trabalho.

A primeira coisa a fazer é gerar dentro da casa ou do aposento uma atmosfera apropriada, elevando as vibrações naquela área. Isso pode ser conseguido, por exemplo, colocando-se para tocar músicas espiritualizadas e religiosas, ou algum hino ou canção de elevada vibração espiritual. A seguir, purifique a área afetada. Queimar artemísia no aposento é recomendável. Outras essências também eficazes são o olíbano e a mirra. Esses três aromas ajudam a remover as energias negativas. Em terceiro lugar, ilumine o local com o máximo de luz natural que você puder conseguir. Erga as persianas e abra as cortinas. Finalmente, é importante meditar, para alcançar o espírito perturbado. Não é preciso vê-lo ou senti-lo, mas convença-o de que ele já passou para outra dimensão e diga-lhe para pedir a um parente já falecido que o guie até a próxima dimensão. Repita muitas vezes ao espírito atormentado que ele não precisa permanecer no lado terreno do véu e que tem a possibilidade de ir para um lugar muito mais feliz, no mundo espiritual, onde nunca mais se sentirá escravizado a nada. Envie esses pensamentos ao espírito com amor e compaixão. Dependendo da gravidade da situação, uma limpeza pode durar alguns dias ou mesmo semanas.

Existem também muitas situações em que a pessoa se vai violentamente, como no caso de um assassinato. O espírito, normalmente, toma conhecimento de sua nova condição depois de um breve período de ajustamento. De maneira geral, um parente ou um guia vem imediatamente ao encontro do espírito. A sessão que se segue oferece uma manifestação única por parte de um espírito que descreve sua própria morte.

Um jovem veio ao meu consultório por recomendação de um amigo. Não conhecia nada a respeito dele, por isso não compreendi a ansiedade que captei, vinda do outro lado. Alguém desejava falar urgentemente. Foi assim que começamos...

– Parece que você está bastante separado da sua família. É verdade? Quero dizer, será que eles vivem em outro estado?

– Sim! – ele respondeu.

– O nome Laura significa alguma coisa para você?

– Sim, é minha irmã. Ela mora no Arizona.

– Não sei por quê. Mas sinto que preciso me ater à vibração familiar. Há três filhos na família? Dois rapazes e uma moça?

– Sim... quer dizer... havia!

– Sim... Estou captando uma vibração muito forte aqui... Um jovem. Acho que é seu irmão. Ele me dá o nome de Mike... é isso mesmo?

Meu jovem consulente começa a ficar agitado.

– Sim! Esse é o nome dele!

– Ele está dizendo que está bem, e muito feliz por você ter vindo aqui hoje. Ele quer que diga aos seus pais que ele está muito bem.

Tem desejado comunicar-se há tanto tempo... Ele encontrou-se com alguns amigos no mundo espiritual. Amigos do Exército. Seus colegas... Você compreende isso?

– Sim, claro. Por favor, continue.

– Ele esteve no Vietnã? Está falando muito rápido a respeito da guerra. A Guerra do Vietnã. Ele diz que se juntou aos seus companheiros da tropa do Vietnã. Ele não queria ir para lá.

– É isso mesmo! Minha mãe me contou que Mike não queria ir para a guerra.

– Parece que ele faleceu muito repentinamente.

Senti-me mergulhando em um transe profundo. Fui visualmente lançado dentro de um mundo de dor e fogo. Estava no Vietnã e parecia que tudo em volta havia enlouquecido. Bem junto a mim, escutei uma explosão muito forte. Olhei para o meu cliente e lhe disse que teria que parar por um minuto. Pedi aos meus guias que removessem a experiência dessa morte de minha lembrança – estava afetando demasiadamente meu corpo físico. Meus guias imediatamente a levaram embora. A cena recomeçou, mas agora eu era apenas um observador.

– Vejo um homem no meio da mata. Está muito escuro. Creio que o homem é seu irmão. Ele parece muito nervoso. Está marchando com o resto da tropa. Tenta tirar o casaco, mas parece que o casaco ficou preso em alguma coisa pendendo do cinto.

Meu cliente tentava inutilmente prender as lágrimas. Ele já adivinhara que eu estava lhe descrevendo a cena da morte de seu irmão. Vi a argola sendo arrancada da granada pelo zíper do casaco. O ar explodiu com toda a violência, atravessando o corpo do soldado, e ele foi decapitado. A cena se apagou...

Encarei meu cliente:

– Seu irmão foi morto por uma granada que explodiu por ter ficado presa em suas roupas?

O rapaz, abalado, recostou-se na cadeira. Sua boca movia-se vagarosamente, tentando dar forma às palavras:

– Sim, foi isso que o relatório do governo registrou.

Não podia acreditar. Nunca havia experimentado uma visualização tão vívida. Era difícil conter minha excitação. Mesmo assim, prossegui.

– É impressionante! Seu irmão é um comunicador fantástico. Espere... vamos ver o que mais ele quer nos dizer. Está descrevendo como se sentiu ao despertar. Diz que parecia terem transcorrido apenas um ou dois segundos quando voltou a si. Olhou em volta e percebeu que se sentia diferente. Não estava mais tão cansado. Viu então alguns de seus companheiros de pelotão em pé, formando um círculo e gritando. Mas não conseguiu escutar o que diziam, até que se aproximou. Estavam chamando seu nome: "Mike! Mike!" Ele lhes respondeu, mas não podiam escutá-lo. Ele se aproximou do círculo e percebeu que estavam olhando para baixo, para o que restava de uma carcaça humana. De repente, uma sensação estranha e lúgubre percorreu seu corpo. Olhou para a plaqueta de identificação que um colega de pelotão tinha entre os dedos. Seu nome estava gravado nela.

Meu consulente estava fascinado.

– É incrível. Ele de fato compreendeu o que estava acontecendo?

– Ele diz que estava um pouco confuso, mas se deu conta de que estava morto. Está descrevendo uma sensação de muita paz e serenidade. Espere... Ele me pede para lhe dizer que foi Alice quem lhe deu as boas-vindas. Você conhece alguma Alice?

– É a nossa avó.

– Bem, Alice veio ajudá-lo. Ele estava em estado de choque e, ao mesmo tempo, feliz e aliviado. Ele conta que ela ficou junto a ele. E também me pede para lhe dizer que viu Pappy e que ele ainda tem Jo Jo junto dele.

– Pappy era nosso avô e Jo Jo o seu pastor alemão. Mike e Jo Jo estavam sempre juntos. É inacreditável. Então, os animais também continuam a viver?

– Todas as criaturas vivas... Seu irmão quer que eu lhe diga que lamenta ter causado tanta dor e preocupação, mas que vocês podem estar certos de que ele está bem e vivendo plenamente.

– Diga a ele que não precisa lamentar nada... E também que todos nós o amamos muito e que estamos felizes por ele estar por perto. Estamos ansiosos para revê-lo algum dia.

– Ele diz que todos lá estão esperando por esse dia... até... ele está rindo... até Jo Jo.

Capítulo Cinco

Acidentes Fatais

Algum dia, todos retornaremos ao nosso lar espiritual – disso podemos estar certos. No entanto, a maneira como vamos deixar o plano terreno, e para onde iremos, varia de pessoa para pessoa. Como intermediário entre o mundo espiritual e o terreno, recebi a impressão mental de muitos pensamentos de pessoas que morreram em acidentes. Por que isso ocorre é que precisa ser explicado.

Em primeiro lugar, *não* existem acidentes. Acontecimentos desse tipo são resultado direto das leis espirituais de causa e efeito, ou do carma. Permitam-me explicar melhor: uma pessoa vai a uma festa e toma conscientemente a decisão de beber. Depois de bastante intoxicada, resolve ir dirigindo para casa. Ao mesmo tempo, um casal está voltando do cinema. A pessoa embriagada não vê o carro vindo em sua direção. Infelizmente, colidem, matando o casal instantaneamente.

Nesse contexto pode-se considerar que o acidente foi efeito ou resultado da decisão de beber daquela pessoa. Essa é uma situação cármica. Ela se verá forçada a oferecer uma espécie de compensação em uma outra existência, por ter posto fim à vida daquele casal. Em outras palavras, todas as nossas ações são cobradas, como crédito ou débito, nesta vida ou em outra. Essa lei de causa e efeito é uma lei natural, imutável, do Universo. Há uma conseqüência cármica para cada uma de nossas ações.

Um acidente ou mesmo um desastre natural pode não ser aquilo que parece. Nada acontece por acaso. Tudo na vida faz parte de um plano espiritual. Tudo tem o objetivo de fazer-nos aprender com nossas experiências. Por isso, uma alma deve passar por experiências tanto positivas quanto negativas. É através do negativo que aprendemos a apreciar o positivo.

Com isso em mente, certas almas concordam, antes de desencarnarem, em deixar seus corpos por meio de um acidente. Talvez essas almas estejam finalizando um carma passado, algo pendente que trouxeram de outra existência. O acidente pode ser uma forma de auxílio a outras pessoas. Muitas vezes a morte de um ente querido é valiosa para o desenvolvimento espiritual dos mais próximos. Não somos capazes de entender essas coisas com nossa mente racional porque são assuntos de natureza espiritual. É suficiente dizer que nossas vidas são parte de um contexto muito maior que não podemos compreender profundamente.

Muito freqüentemente, alguns clientes vêm a mim perguntando se seus entes queridos sofreram alguma dor no momento do impacto. Na maioria dos casos, o espírito como que desfalece e não se lembra de nada. É muito comum os espíritos contarem que viram o veículo acidentado e ficaram se perguntando quem seriam aquelas pobres pessoas mortas. Até darem-se conta de que já não estão entre os vivos, não percebem que foram eles que sofreram a experiência.

Quando os espíritos tomam conhecimento de sua própria morte, a princípio podem ficar muito contrariados, principalmente quando ainda se sentem como se estivessem vivos. Quando a morte acontece por acidente, e um espírito é literalmente lançado para fora do seu corpo, um parente, um amigo ou um guia estará sempre por perto para ajudá-lo na transição, dar-lhe as boas-vindas e informar que ele faleceu em um acidente. Logo o indivíduo compreende que existe vida na forma espiritual. Olha para o seu corpo espiritual e percebe que ele tem a mesma forma que seu corpo físico.

É preciso estar ciente de que em qualquer morte, especialmente nas repentinas, um espírito precisa de assistência e compreensão para adaptar-se ao novo ambiente. Graças a Deus, existem sempre para ajudá-lo belas almas que seriam o equivalente a assistentes sociais ou terapeutas.

Quando trabalho com pais ainda de luto, ouço-os dizer que a perda de uma criança é a pior experiência pela qual alguém pode passar na vida. Ninguém está preparado para a morte de um filho.

Os pais, imersos em dor, culpam-se inevitavelmente pela morte da criança, como se fossem capazes de evitá-la. Somente Deus possui tal poder.

Em muitas das sessões que realizei, um filho tentou assegurar à sua mãe ou pai que estava bem e que eles não deviam se culpar por sua morte. Com palavras de amor, riso e informações compartilhadas apenas entre eles, o jovem ou a criança consegue confortar os pais. As informações que o espírito me transmite são de tal forma detalhadas que é impossível duvidar. Por outro lado, os filhos insistem em eximir os pais da culpa, dizendo que era chegada a hora e nada que eles fizessem teria evitado a morte. Quando a sessão termina, percebo uma mudança radical nos dois. Não choram mais e conseguem encontrar a paz.

A animadora de torcida

Da mesma forma que acontece no plano terreno, igualmente no reino espiritual, quando certas coisas incomodam, sente-se que é preciso resolvê-las.

Se morremos deixando coisas por resolver, não conseguimos descansar em paz nem prosseguir em nosso desenvolvimento espiritual, até termos encontrado uma solução para as questões pendentes. Uma das recompensas do meu trabalho é a oportunidade de auxiliar um espírito a buscar e receber perdão por algo de errado que tenha feito. Assim, o espírito liberta-se de sua ligação negativa e pode ir adiante com seu crescimento no outro lado da vida.

Em uma sessão de grupo, já estava quase encerrando os trabalhos quando me vi sendo direcionado para duas mulheres sentadas em um sofá à minha frente. Dirigi-me à primeira:

– Há uma jovem mulher aqui, mais ou menos da sua idade. Parece-me que ela está perturbada por alguma coisa... algo a está preocupando... O nome Stacey significa alguma coisa para você?

– Sim. Era minha colega no curso secundário.

– Ela morreu de forma muito abrupta. Está me mostrando vidro e sangue, e agora aponta para a cabeça. Não estava preparada para morrer. Isso faz sentido para você?

– Sim, claro que faz. Eu estava sentada aqui, este tempo todo, justamente pensando nela...

Prossegui:

– Antes de morrer, sua mente estava muito confusa, como se ela estivesse drogada ou bêbada. Eu a vejo no carro. Houve a colisão, a pancada em sua cabeça. Muito vidro e... muito sangue. Sinto que ela foi projetada através do vidro do pára-brisa.

As duas jovens começaram a chorar:

– Foi isso mesmo.

– Ela diz que o acidente aconteceu num cruzamento. Ela vinha de uma festa e ficou... *toda ferrada*. Ela afirma que conhece vocês duas... É isso mesmo?

– Sim, nós fomos colegas de escola.

Passei a dirigir minhas perguntas a Julie, a outra mulher sentada no sofá.

– Ela está me mostrando uma foto com vocês duas. Você possui essa foto, não é?

– Sim, e acabei de dar uma olhada nela.

– Ela diz que sempre quis ser mãe...

– É verdade! Ela vivia falando em ter uma família e em todas as coisas que nós três faríamos juntas.

– Ela me pede que lhes diga que ela toma conta de crianças, lá onde está agora. É como se fosse uma assistente social, e ela adora seu trabalho.

As duas mulheres sorriram. De repente, Stacey passou a me enviar um outro tipo de sensação.

– Isso é esquisito... Ela está me transmitindo uma sensação pesada... começou a chorar... Está muito triste pela maneira como tratou vocês. Está me dizendo que foi uma verdadeira... *sacana* com vocês duas.

As duas mulheres concordaram, balançando a cabeça.

– Ela está dizendo que terminou a amizade com vocês porque queria ficar amiga de uma turma mais popular no colégio, um pessoal mais animado. Está contando que era muito ciumenta e que vivia criando atrito com outras pessoas. Ela queria ser sempre o centro das atenções. Vocês pararam de falar com ela por um tempo, não foi?

– Foi, sim. Aconteceu poucos meses antes de ela morrer.

– Ela pede que eu diga que lamenta muito. Ela estava errada e pede a vocês que perdoem seu procedimento. Diz que era tão obcecada com a idéia de ser a pessoa mais popular do colégio que, muitas vezes, deixava de prestar atenção nos sentimentos dos outros. Era uma maneira de agir muito boba.

As moças começaram a chorar.

– Por favor, perdoem-na. Ela está muito desgostosa com a maneira como se comportou com vocês.

– Mas é claro que perdoamos – exclamou Julie.

– Ela diz que entende a mágoa de vocês, por experiência própria, e que odeia ter feito o que fez. Diz que gostaria de ter sido dama de honra em seu casamento. Está me mostrando um vestido cor-de-rosa e seu cabelo preso com um laço também cor-de-rosa.

Júlia gritou:

– Meu Deus! Rosa era a cor das roupas das damas de honra. Seus vestidos e laços nos cabelos eram cor-de-rosa.

– Stacey está dizendo: "E você acha que eu ia perder sua festa de casamento?" Ela diz que esteve presente, em espírito.

As duas riram muito e agradeceram a Stacey por ter comparecido. Ela também agradeceu a suas amigas pelo amor que continuavam lhe devotando e pelo seu perdão. Naquele momento, vi Stacey aproximar-se das duas moças, dar um abraço em cada uma e voltar-se para mim, com uma expressão de agradecimento. Depois, lentamente, foi desaparecendo. O grupo levou alguns minutos para absorver a experiência e ser invadido por um intenso sentimento de paz e amor.

O mais importante é compreender que temos outras oportunidades para mudar nossas atitudes e nosso comportamento depois de deixarmos para trás nossos corpos físicos. Se uma pessoa nos prejudicou ou portou-se de maneira agressiva conosco quando estava viva – como Stacey admitiu ter feito –, pode ter uma nova compreensão de si mesma no outro lado. Ela percebeu o quanto seu procedimento fora errado, quantas chances tivera de transmitir seu amor e como se enganara na escolha que havia feito. A consciência disso leva a pessoa à compreensão e ao desejo de ser perdoada.

Capítulo Seis

AIDS

Através da história, cada geração tem sido vítima de alguma praga devastadora. Infelizmente, isso me leva a escrever um capítulo a respeito do assunto. Acontece que a AIDS é uma questão que tem mobilizado toda a sociedade. A AIDS posiciona-se ao lado do câncer e das doenças cardíacas como mais um dos flagelos da humanidade, atualmente. Com freqüência, me perguntam: *Por que existe a AIDS? O que podemos aprender com a doença?* Acredito que as respostas são demasiadamente complexas. Posso apenas oferecer ao leitor meu conhecimento sobre a doença do ponto de vista espiritual – proveniente daqueles que atravessaram para além da morte e explicaram por que precisaram passar pela experiência de contrair a AIDS.

Volto a ressaltar que existe uma lei universal de causa e efeito que é constante. Em outras palavras, é nossa mente que cria as situações de nossas vidas. Constatamos que, muitas vezes, em vez de usar nossa mente para compartilhar o ideal de um Deus que nos ama incondicionalmente, voltamos nossa energia para a intolerância e para o preconceito.

Alguns se valem de seu poder material para dominar outras pessoas, seja na diretoria de uma empresa, em algum cargo no governo ou no púlpito de uma igreja. Fazendo par com o poder, encontramos a riqueza material, conquistada muitas vezes às custas da exploração dos outros, e a crença de que ela pode nos fazer, de alguma forma, pessoas especiais, valiosas. Em última instância, depende de cada um de nós tomar consciência de que o que temos de precioso, de inestimável, não pode ser medido pelo volume de dinheiro que acumulamos no banco, pelo tamanho de nossa casa e pela quantidade de automóveis que possuímos. Quando atravessarmos para o outro lado, tudo o que nos perguntarão será a respeito de quanto amor temos em nossos corações.

Todos nós somos iguais. Deus não escolheu um grupo em detrimento dos demais. Quando nos permitirmos abrir nossas mentes, desenvolveremos nossa compreensão e nossa compaixão, e seremos capazes de enxergar todos os seres como partes da energia universal que vem de Deus. Estaremos livres de todo preconceito e de todo ódio baseado em diferenças de raça, sexo ou opção sexual. Deus é ilimitado. Somente o pensamento humano estabelece barreiras entre as pessoas. Pessoalmente, acredito que, disseminando o ódio, o preconceito e a intolerância, contribuímos de algum modo para disseminar igualmente a AIDS. É nossa maneira equivocada de pensar que provoca esse sentimento geral de mal-estar, essa falta de harmonia em que nos encontramos hoje no mundo.

Muitas pessoas perguntam se há cura para a AIDS. Eu respondo: sim. Há cura para todas as enfermidades que nos afligem, mas ela não será encontrada até elevarmos nossa consciência, deixando de agir apenas em proveito pessoal; até conseguirmos, de fato, amar o próximo.

A AIDS, apesar de terrível, nos oferece oportunidade de aprender e de nos iluminarmos. Por causa da AIDS, fomos obrigados a aprender lições de tolerância, compreensão, convivência.

Essa doença traz à tona elementos da personalidade e do caráter das pessoas dos quais não tinham consciência. Muitos pacientes infectados questionam, entre outras coisas, sua espiritualidade, sua essência única universal, seu medo do desconhecido e, sobretudo, a dimensão do amor. É nas situações mais dramáticas que as almas encontram maior oportunidade de crescimento. Isso vale não apenas para os que são contaminados pela doença, mas também para seus familiares e amigos.

Durante sessões com espíritos que vivenciaram a enfermidade, muitos me deram razões para precisarem passar pela experiência.

Dedico este capítulo a todos os que foram contaminados pela doença, a todos os que os ampararam e a todos os que perderam entes queridos dessa forma tão dolorosa.

Os corações

A beleza do meu trabalho é não apenas ter iluminado tantas pessoas sobre a verdade da vida depois da morte, mas ter testemunhado inacreditáveis e miraculosas transformações naqueles que receberam tal revelação. Vou narrar uma sessão em que me deparei com uma das mais tocantes experiências de amor eterno.

Muitas vezes, recebo informações que só mais tarde fazem sentido para a pessoa que atendo. Foi assim que aconteceu durante uma consulta dada a um jovem chamado Tom. Já estava me sintonizando com sua energia quando reparei que havia um outro jovem de pé ao lado dele. Esse ser espiritual começou a descrever as circunstâncias de sua morte, sobre a qual eu não sabia nada até então.

– Há um homem aqui que está lhe enviando muito amor. Está de pé, à sua direita. Tem olhos azuis, cabelos castanhos e usa barba. Morreu muito jovem... Parece que ele deveria ter vivido por mais tempo. Hum... Você saberia dizer quem é essa pessoa?

– Acho que sim – replicou Tom.

– Ele está me passando que precisou tomar muitos medicamentos... algo contra a dor... morfina?

– Sim, isso mesmo!

– Sinto também que ele teve muita dificuldade para respirar. Precisou de oxigênio. Estava muito fraco. O quadro parece... AIDS! Faz sentido para você?

Tom começou a gritar:

– Sim! Foi assim que ele morreu.

– Está lhe enviando todo o seu amor e diz que está próximo de você o tempo todo. Esteve tentando lhe dizer isso, mas você não o enxerga, e ele ficou muito frustrado. Ele diz que você acabou de receber uma promoção no trabalho.

– Bem, é verdade... Meu supervisor falou comigo a respeito dessa possibilidade hoje.

– Seu amigo está rindo bastante. Diz que o ajudou a conseguir a promoção e que você está lhe devendo essa... – Tom sorriu.

– Você conhece alguém chamado Gary?

– É o nome dele!

– Ele está me contando que você esteve na garagem revirando algumas caixas. Ele está me mostrando um álbum de fotos. Isso faz sentido para você?

– Sim, fiz isso na semana passada. Estou pensando em me mudar, e estive vendo o que vou guardar comigo e o que vou jogar fora.

– Gary diz que você já falou com alguém sobre vender a casa e esteve vendo uma outra, atrás do lugar onde você mora atualmente.

– É isso mesmo.

– Gary está pedindo para você aguardar. Vai aparecer uma casa melhor... Ele está me mostrando uma coisa agora, algo como dois corações entrelaçados... Você tem algo assim no seu quarto?

Tom pensou durante algum tempo, mas não conseguiu localizar os corações que eu descrevia. Disse-lhe que poderia fazer sentido posteriormente.

– Gary quer que lhe diga que o ama muito, e o amará para sempre. Ele quer que saiba que sempre estará com você.

Tom disse a Gary que também o amava e que ficava feliz em tê-lo por perto.

– Gary vai lhe mandar uma espécie de sinal, para que você tenha certeza de que ele está junto de você.

– Isso vai ser maravilhoso. Mal posso esperar.

A sessão foi encerrada. Tom assegurou-me que a consulta o deixara aliviado. Ele reconheceu o jeito de Gary em muitas coisas que lhe transmiti. Agradeceu-me e seguiu seu caminho.

Quatro meses depois, Tom voltou para me ver e relatou um acontecimento impressionante. Contou que, depois da consulta que tivera comigo, foi para casa e guardou a fita com a gravação do que dissemos. Não pensou mais na sessão. Três semanas mais tarde, ele ganhou a tal promoção que Gary mencionara. Posteriormente, o próprio Tom explicou:

– Uma colega de trabalho me presenteou com dois cartões. O primeiro, de congratulação, pela promoção. Então, ela contou que acontecera uma coisa muito esquisita com ela... Quando deixava a loja onde comprou o cartão, voltou atrás e sentiu uma espécie de compulsão de comprar um outro cartão. Não conseguiu entender por que sentia aquilo, apenas sabia que precisava me dar o tal cartão. Quando abri o envelope, vi um cartão com dois corações entrelaçados. Impresso, do lado de dentro, estava escrito: "Eu amo você."

Tom disse que achou que havia alguma coisa familiar naquele cartão. Assim, decidiu verificar todos os cartões e cartas que Gary havia lhe dado ou enviado. Quando começou a abri-los, se deu conta do que lhe parecera tão familiar. Todos eles estavam assinados da mesma maneira: "Eu amo você... *Gary.*"

Mamãe! Papai! Sou eu!

Muitas pessoas que marcam consulta comigo são extremamente céticas. Geralmente, seu sistema de crenças não lhes permite abrir-se para a possibilidade da vida após a morte. Meu trabalho simplesmente desafia crenças convencionais, baseadas em anos de enrijecimento de idéias e mentes fechadas a qualquer pensamento diferente dos que lhes são habituais.

A sessão que relato a seguir mudou totalmente a maneira de esses meus clientes verem o mundo. Mais uma vez, reitero que não sou responsável por quem ou pelo que me chega. No caso, um visitante inesperado trouxe uma informação extraordinária. O casal Vivian e Paul Strauss estava sentado à minha frente. Sentia o ceticismo deles com muita força. Assim, iniciei dizendo:

– Bem, é claro que não sei quem vocês desejam que eu contate, mas devo perguntar se perderam algum ente querido... uma filha?

O casal trocou olhares intrigados e depois me encarou de volta. Vivian disse:

– Não, mas o que você está vendo?

– Uma moça... Ela tem uns 20 anos. Está junto de vocês. Lamento, mas não consigo captar seu nome. Vamos ver...

Passaram-se alguns minutos.

– Vivian! Há uma senhora aqui também. É ligada à sua mãe e está dizendo alguma coisa sobre Chicago.

– Talvez seja minha avó... a mãe da minha mãe. Ela morava em Chicago. O que está dizendo?

– Está preocupada com a sua mãe. Sua mãe tem algum problema de visão, ou talvez tenha acabado de marcar uma consulta com um oftalmologista.

Paul começou a remexer-se na cadeira, parecendo perturbado. A informação tocou-o de alguma maneira. Foi ele quem respondeu:

– É isso mesmo!

– Essa senhora está dizendo que você teve alguns atritos com a sua mãe. Vocês duas não estão se falando. Sua mãe tem uma personalidade um bocado forte, o que leva vocês a brigarem com freqüência. Isso faz sentido?

Ficaram espantadíssimos. Eu acabara de resumir perfeitamente toda a situação.

– É verdade. Não consigo me relacionar direito com ela. Bem que gostaria... – Vivian levou alguns segundos pensando. – Mas ela é uma pessoa muito difícil.

– Sua avó, a mãe dela, quer que você a trate melhor. Ela diz que você precisa ser mais compreensiva.

O casal assentiu balançando a cabeça. Eu prossegui:

– Quem é Paul?

– Eu me chamo Paul! – replicou o marido.

– Há outra pessoa no mundo espiritual com o mesmo nome.

Vivian e Paul trocaram olhares. Seus olhos se encheram de lágrimas.

– Ele está me dizendo que é filho de vocês. É verdade?

– É sim.

– Paul, devo lhe transmitir o que o seu filho está me dizendo.

Você precisa cuidar mais de si. Seu filho está muito preocupado com a sua saúde. Ele está me dizendo que você não soube até hoje como lidar com a morte dele, que está segurando dentro de si uma dor que precisa ir embora. Isso está prejudicando a sua saúde. Você precisa sair, fazer coisas. Você gosta de jardinagem?

– Sim.

– Seu filho quer que você plante algumas flores no jardim da frente.

– Estava pensando em fazer isso, há poucos dias...

– Foi ele quem pôs esse pensamento em sua mente.

O casal me encarava perplexo. Haviam sido fortemente tocados pela acuidade da informação e agora mostravam-se atentos a cada palavra que eu dizia. Eu tinha mais a lhes transmitir:

– Isso pode parecer estranho para vocês, mas seu filho quer que saibam que ele está com sua namorada no outro lado.

Vivian cobriu o rosto com as mãos e começou a chorar. Ela murmurou:

– E... ela está bem?

Não pude entender a situação a princípio, e assim pedi ao casal que a esclarecessem:

– A namorada dele no plano terreno morreu também?

– Sim... alguns meses depois do falecimento de nosso filho – explicou Vivian. – E ela era como se fosse uma filha para nós.

– Pois ela está mandando dizer a vocês que eles estão juntos outra vez. Ah, sim, essa é a garota que apareceu no início da sessão.

Continuei por mais algum tempo dando detalhes sobre a personalidade e as condições da morte do filho desse casal.

– É verdade. Ele tinha muitas garotas, ou pelo menos era o que nos dizia.

– Creio que ele gostava de música. Sabem algo a respeito de uma guitarra na garagem?

Paul respondeu:

– Claro! Estive olhando para ela ainda ontem. Paul sempre quis tocar em uma banda. Ele costumava praticar o tempo todo.

– Ele pediu que vocês dêem uma olhada na guitarra quando chegarem em casa. Verão que a segunda corda está partida.

Paul garantiu que verificaria assim que chegassem em casa.

– Ele está me dizendo alguma coisa a respeito de um carro. Vocês têm uma caminhonete?

– Sim.

– Ele está me falando de pneus... que talvez vocês tenham trocado os pneus do veículo recentemente.

Pensei que aquele homem fosse ter um ataque cardíaco. Ele ficou pálido de repente:

– Troquei os pneus da caminhonete na sexta-feira passada.

– Seu filho avisa para checar os faróis. Há uma lâmpada que precisa ser trocada.

– Meu Deus do céu! Reparei nisso ontem à noite!

O casal estava absolutamente estupefato.

– Seu filho morreu abruptamente. Sinto algo estranho em minha cabeça, como se estivesse drogado, mas não sinto que ele tenha morrido pelo uso de drogas. Talvez... Tem algo a ver com o interior do corpo dele. Ele fica me dizendo que não precisou sofrer muito, e se diz satisfeito por isso. Havia algum problema com seu sangue?

– Sim!

– Ele estava com AIDS?

Eles recomeçaram a chorar.

– Sim.

– Estranho... A maioria das pessoas que contraem AIDS permanece doente por bastante tempo, antes de falecer. Mas não sinto que isso tenha acontecido com o seu filho. Parece que ele ficou doente e morreu muito depressa.

– Sim – explicou o pai. – Ele descobriu que estava contaminado e, uma semana depois, foi internado em um hospital e morreu. Foi tudo muito rápido.

– E a garota também morreu de AIDS?

– Sim – respondeu a mãe.

– Ela manda dizer que ama muito vocês e pede que dêem um beijo em Carrie. Vocês entendem a mensagem? Ela quer que mandem um beijo para essa pessoa.

– Carrie é a mãe dela.

– Seu filho está dizendo que lamenta que vocês tenham passado por tanto sofrimento, mas que ele está bem agora e que vai continuar tocando sua música...

Vivian e Paul deram-se as mãos. O que eles mais desejavam – uma nova maneira de compreender o mundo – havia sido concedido. Sabiam que jamais teriam seu filho de volta, mas, por meu intermédio, tiveram a prova de que ele permanecia vivo no outro lado. Agora, estavam prontos para iniciar a recuperação da perda. Daí para a frente, o relacionamento de Vivian com sua mãe melhorou muito, e Paul começou a plantar belas flores no seu jardim, onde se senta às vezes, medita e contempla a vida a partir de uma nova perspectiva.

Capítulo Sete

SUICÍDIO

Todo ser vivente é feito de tudo aquilo que experimentou em suas vidas passadas. Em outras palavras, nossa vida presente é uma compilação de nossos pensamentos e de nossos atos do passado, positivos ou negativos. Trazemos tudo isso conosco para este mundo. Nosso carma passado nos leva a nascer em determinadas famílias e situações, com certa posição econômica e social necessária ao nosso crescimento espiritual.

Enquanto espíritos, estamos constantemente aprendendo, evoluindo, aprimorando. Contemplamos a nossa encarnação futura como uma espécie de modelo ou projeto daquilo que pretendemos alcançar e aprender quando entrarmos no corpo físico.

Em última instância, estamos aqui para aprender sempre mais a respeito do amor. Pode soar simplista, mas, na prática, não é tão fácil. O amor tem muitos aspectos. Uma das primeiras lições que precisamos aprender sobre o amor diz respeito à auto-estima. Sem consciência do que somos, sem amor pelo nosso próprio ser, seremos incapazes de amar os outros. Quando conseguirmos aprender esse amor incondicional por nós mesmos e pelos outros, nos tornaremos iluminados, ganharemos respeito pelas leis naturais de causa e efeito – não porque almejamos a melhor posição na vida, mas, principalmente, porque sabemos que esse é o único caminho. Compreendendo essa lei e vivendo segundo seus princípios, nos tornamos capazes de viver em harmonia com nosso próximo e em função do bem comum.

A INCLINAÇÃO PARA O SUICÍDIO

A Terra é o lugar onde se experimentam os aspectos da condição humana – que não podem ser vivenciados em nenhum outro lugar.

É um lugar de crescimento – e crescer não é fácil. Somos bombardeados por preocupações de ordem financeira, profissional, emocional, por problemas de saúde. Muitas dessas preocupações estão associadas com sentimentos de autodestruição. A certa altura, pensamos: "Não posso suportar isso!" ou "É melhor morrer!".

A maioria das pessoas tem impulsos suicidas pelo menos uma vez na vida. No entanto, esse tipo de impulso vem e vai embora, de acordo com a situação. O tipo de personalidade obcecada com a idéia de autodestruição – pessoas que fazem várias tentativas de pôr fim à vida – pertence, geralmente, a uma das seguintes categorias: pessoas extremamente controladoras que de repente perdem o controle dos acontecimentos; pessoas com uma auto-imagem excessivamente negativa que chegam a acreditar que o planeta ficaria melhor sem elas; pessoas que sofrem de uma enfermidade em estado terminal e não querem suportar mais o sofrimento e a dor; pessoas mentalmente doentes ou que sofrem de algum desequilíbrio bioquímico.

É compreensível que, por conta de determinados sentimentos, circunstâncias ou crenças, alguém encontre uma forte razão para se matar. Entretanto, do ponto de vista espiritual, isso não está certo. Cada um de nós tem um destino para o qual nascemos. Nosso destino cármico pode durar um mês, 35 ou até mesmo 80 anos. Quando a vida é cortada, nosso corpo deixa de existir, mas restam sempre laços magnéticos, ainda ativos, de tudo o que deixamos no plano terreno. Esses laços completam sua missão apenas quando percorremos integralmente o tempo predeterminado para nós no plano terreno.

Quando alguém se mata, uma das primeiras coisas de que se dá conta é que, na verdade, não está morto. Persiste na pessoa uma sensação de peso, porque os laços com o plano terreno permanecem. De certo modo, podemos dizer que essa alma não está totalmente livre. A alma imortal continua existindo, estacionada entre o mundo físico e o espiritual – viva, mas incapaz de comunicar-se com seus entes queridos ou com qualquer um. A alma sente-se culpada, sofre, fica angustiada, depois de pôr fim à vida. Descobre que seu destino poderia ter sido significativo, que teria muito a dar ao mundo, se tivesse permanecido viva. No estado espiritual, torna-se consciente de que deveria ter passado justamente por aquelas experiências que acabaram levando-a ao suicídio. E pressente a dor e a raiva que deixou naqueles que ficaram. O pior de tudo é que se encontra numa espécie de região do limbo. Não está apta a avançar para o reino eterno nem pode retornar ao mundo físico. Está parada, imobilizada numa espécie de terra-de-ninguém, atormentada incessantemente pela lembrança do terrível ato que cometeu. Revê sua morte vezes sem conta, como se fosse um filme velho, um filme muito ruim. Está presa numa armadilha, sem ter como sair.

Alguns espíritos de suicidas têm consciência do que fizeram. Mas muitos podem não estar cientes do que ocorreu. Por isso, revivem ininterruptamente o momento de sua morte, como se fosse um círculo vicioso – o que pode acabar se tornando um tormento horrível. Eventualmente, o espírito acaba por convencer-se de que não pertence mais ao plano terreno.

A VISÃO ESPIRITUAL SOBRE O SUICÍDIO

No caso de doentes em estado terminal ou de pessoas em idade avançada, alguns cometem suicídio para evitar que suas famílias gastem dinheiro, tempo, ou passem por muito sofrimento. Essas pessoas não estão conscientes do aspecto espiritual de suas ações. Talvez alguém da família precisasse passar pela experiência de dar amparo a um doente para seu próprio crescimento. Alguns defendem a idéia de que, dependendo do caso, o suicídio administrado é a melhor alternativa, porque interrompe o sofrimento e propicia uma morte digna. Mas quem pode exercer o papel de Deus? Como podemos saber se aquela alma não escolheu passar pela experiência de uma doença fatal para purificar seu carma? Se abreviarmos o tempo natural de alguém no plano terreno, nunca saberemos se não estamos, com isso, impedindo que algo de valor seja aprendido, ou se aquela experiência em especial seria necessária para a pessoa atingir um plano superior.

Todas as vezes que ocorre o suicídio, a alma deverá retornar para reaprender aquela experiência interrompida, ou seja, precisará voltar em outra existência e passar de novo pela mesma provação, ou algo similar. A provação pode não ser tão extremada como a que experimentou na existência anterior, porque parte dela já foi vivenciada. Geralmente, o espírito precisará esgotar a doença, para nunca mais voltar a tê-la.

Há duas exceções, entretanto:

1. Se o suicídio foi cometido por indivíduos que sofriam de doenças mentais ou de algum desequilíbrio bioquímico. Em tais situações, essas pessoas estariam com sua capacidade de decidir comprometida. Quando passam para o outro lado, descobrem-se em uma espécie de abrigo, onde recebem o auxílio de que precisam para curar-se. Com isso, suas almas recuperam a integridade natural.

2. A segunda exceção ocorre quando a alma retorna ao mundo físico antes do momento apropriado e, ao contrário do que acreditava, não tem maturidade suficiente para lidar com as lições por que irá passar. Mesmo quando a alma acredita possuir a força necessária, chega ao plano terreno e é acometida de um sentimento de inadaptação. As pessoas com esse tipo de deficiência, freqüentemente, antecipando sua morte, começam a dizer coisas como: "Eu não me encaixo em nada!" ou "Acho que nasci na época errada!".

A natureza de uma alma a leva a crescer e a aprender. Por isso, sempre trazemos para a vida determinadas situações que precisamos superar ou para as quais precisamos buscar equilíbrio. Se nos déssemos conta de que, no plano terreno, é normal vivenciarmos algum tipo de sofrimento – seja ele físico, mental ou emocional – e de que o suicídio não elimina essa condição, acredito que haveria menos casos de pessoas tirando suas próprias vidas. Precisamos nos conscientizar, e especialmente nossos jovens, do erro do suicídio, e acentuar sempre a responsabilidade que temos de viver nossa vida plenamente.

COMO OS VIVOS PODEM AJUDAR OS MORTOS

Muitos me perguntam o que deve ser feito com o corpo daqueles que cometem suicídio. O corpo é meramente uma concha. Ao deixar a concha, o espírito perde suas ligações com o envoltório físico. No caso do suicídio ou de um acidente trágico, é importante que o corpo seja cremado. A cremação destrói o corpo rapidamente, e o espírito é liberado de qualquer resquício de ligação com ele. Assim, será mais fácil para a alma conscientizar-se de sua nova situação.

Não há solução fácil para esse problema, porque as circunstâncias que cercam cada caso de suicídio diferem enormemente. Mas sempre podemos ajudar aqueles que cometem esse erro terrível. É importante entender que nossos pensamentos são a única maneira de alcançar essas pessoas. Portanto, para começar, podemos lhes enviar nossos pensamentos e dizer que parem de desperdiçar sua energia tentando retornar ao mundo físico. Elas devem se conscientizar de que deixaram para trás seu corpo material. A seguir, podemos enviar-lhes pensamentos de amor, paz e perdão. Transmitindo-lhes pensamentos elevados, essas almas atormentadas serão confortadas e se tornarão mais aptas a aceitar a nova situação.

Até hoje, não encontrei sequer um espírito de suicida que me tenha dito que se considera satisfeito com sua decisão e que novamente cometeria suicídio. Pelo contrário. Todas as vítimas de suicídio compartilham um sentimento de arrependimento pelo crime que cometeram contra suas almas. Posso dizer que todos os que entraram em contato comigo sempre fizeram recomendações para impedir que outros cometessem o mesmo erro. O suicídio retardou seu desenvolvimento espiritual e eles tiveram muita dificuldade para perdoar a si mesmos.

Escolhi duas sessões como exemplo das circunstâncias em que certas pessoas se matam e das razões que as levam a isso, além de suas reações quando finalmente conseguem conversar com seus entes queridos a respeito do assunto. Muitas vezes, não fui capaz de alcançar uma vítima de suicídio simplesmente porque sua alma estava perdida, sem consciência de seu estado ou vagando em alguma região do limbo.

Sinto muito!

O caso a seguir mostra claramente um espírito perturbado que, depois de pôr fim à vida, nada mais queria a não ser provar aos seus entes queridos que continuava com eles e que necessitava de seu perdão. Ilustra ainda toda a perplexidade daqueles que permaneceram neste mundo. Em meio à sessão, o consulente desmoronou e implorou o perdão daquele espírito, por sentir-se responsável pelo seu suicídio.

No salão da Igreja Metodista Unida de Hollywood, onde eu ia começar a fazer minha apresentação mensal, havia mais de 200 pessoas.

Como acontece em todas as demonstrações de grupo, nunca sei quem vai aparecer. Mas logo comecei a escutar os pensamentos de um ser espiritual.

– Há uma mulher aqui e ela está repetindo insistentemente um nome... Susan.

Imediatamente, ouvi uma mulher gritar. Ela estava na segunda fileira do meu lado esquerdo. Olhei para ela e falei:

– Você conhece alguma Susan?

– Talvez... quer dizer... Sou eu.

– Ela está me dizendo que você conhece a mãe dela.

– Sim, falei com a mãe dela ontem mesmo. Tivemos uma conversa...

A mulher parecia estar carregando algum sofrimento terrível. Aguardei alguns minutos.

– Essa mulher quer vir ao seu encontro... Parece que não é parenta sua, mas é muito próxima a você. Diz que a ama.

A mulher na platéia baixou a cabeça. Eu prossegui.

– Ela está me dando o nome de Kathy. Você sabe do que ela está falando?

A mulher enxugou as lágrimas e, sem levantar a cabeça, murmurou:

– É o nome dela!

– Ela está me dizendo que você acaba de entrar para um novo emprego e quer que saiba que a ajudou a consegui-lo. Ela está me mostrando também dois filhotes de gato, um com listras cinza, o outro branco, com pintas pretas. Ela os está chamando de seus filhos.

– Sim, meus gatinhos, isso mesmo!

– Ela está me mostrando a casa. Mas agora... hum... essa casa parece diferente. É uma casa de madeira clara, eu acho. Parece uma casa na montanha. Há uma balaustrada de madeira circundando a varanda da casa. Você conhece essa casa?

– Sim, é a nossa casa.

– Ela me diz que você planejava reconstruir alguma coisa ou fazer obras para ampliar algum aposento na casa. É engraçado, ela está se referindo aos empreiteiros como idiotas.

– Sim... – a mulher falou, elevando um pouco a voz. – Estávamos querendo reconstruir uma parede externa, perto da varanda, e não conseguíamos encontrar o empreiteiro certo para fazer a obra.

– Ela está me mostrando uma fotografia numa moldura em forma de coração. Você sabe do que se trata?

– Sim, é a foto de Kathy. É a única foto que tenho dela. Por favor, diga a ela que sinto muito!

– Ela sabe disso! Mas diz que não foi culpa sua. Você sabe do que ela está falando?

– Foi minha culpa! Por minha causa, ela está morta!

Escutei com toda a atenção e de repente senti uma arma em minha boca.

– Estou com uma arma enfiada na minha boca! O cano é muito frio. Sinto dizer isso, mas parece que ela se matou com um tiro na boca, correto?

– Sim... – murmurou a mulher.

– Agora, algo que aconteceu antes de sua morte... Muitos gritos e choro. Ela estava envolvida numa espécie de discussão muito áspera?

– Sim...

– Ela disse que estava muito confusa, que se trancou no quarto por aproximadamente duas horas.

– Sim... Nós brigamos. Por favor, diga a ela que a amo muito e que lamento o que aconteceu.

– Ela sabe disso. Sua amiga está me dizendo que pôr fim à vida foi uma decisão dela. Na ocasião, ela queria que você se sentisse culpada, e sabe que isso foi errado. Está pedindo seu perdão pelo sofrimento que lhe causou. Ela quer que você saiba que ela não tinha coragem de terminar o relacionamento de vocês, e pensar que existia outra pessoa foi demais para ela. Não conseguiu suportar. Isso faz sentido?

– Faz, sim. Eu compreendo. Mas nunca conseguirei me perdoar.

– Mas é o que deve fazer. Você não puxou aquele gatilho. Tentou falar com ela, mas Kathy não quis ouvir. Você não pode fazer o papel de Deus. Compreenda que sua amiga não conseguiu dar a si mesma o amor de que precisava para perceber o quanto era especial. Ela retornou agora para lhe dizer que não foi culpa sua o que aconteceu.

A mulher pareceu escutar o que lhe disse. A sessão prosseguiu por mais alguns minutos – recebi uma mensagem para outra pessoa da congregação.

Durante o intervalo, aquela mulher veio ao meu encontro e me deu um abraço, dizendo:

– Nunca havia acreditado em nada disso antes. Mas agora sei que foi Kathy que veio até nós. Há provas demais de que foi exatamente isso o que aconteceu.

A mensagem de Kathy a havia ajudado enormemente. Ela afirmou que faria todo o esforço que pudesse para perdoar a si própria e que rezaria para Kathy ajudá-la.

A seguir, contou-me que, na ocasião, estava tendo um caso com outra mulher. Quando confessou tudo a Kathy, dizendo que queria terminar o relacionamento delas, discutiram asperamente. Kathy foi para o seu quarto, pegou uma arma e carregou-a. Então, trancou-se no banheiro, enfiou a arma na boca e disparou.

Uma última coisa. Kathy mencionou para a amiga que a lembrança de sua morte ainda a atormentava, mas que estava recebendo ajuda de outros espíritos.

Nunca é tarde para dizer eu te amo!

É uma pena quando um jovem que tem tudo para aproveitar a vida resolve matar-se. A família sente-se culpada e começa a achar que poderia ter feito alguma coisa para evitá-lo. O espírito da vítima, além de envergonhar-se do que fez, encontra muita dificuldade para perdoar-se e para reencontrar o amor por si próprio.

Foi o que aconteceu nesse caso. Um jovem retornou para conversar com sua mãe sobre o amor que não fora capaz de perceber, até ser tarde demais. Embora esse encontro envolvesse um enorme sofrimento, havia também um certo otimismo. Foi uma das sessões mais tocantes que realizei, e o mais próximo que já cheguei de experimentar o real significado do amor incondicional – quando o amor está acima de qualquer julgamento.

Quando abri a porta, ali estava parada uma mulher de altura mediana, com um sorriso muito bonito. Parecia ter cerca de 60 anos e irradiava paz e autoconfiança.

No início, afirmou que nunca participara de uma sessão e que não acreditava muito que dali pudesse resultar alguma coisa. Mas seu terapeuta achou que isso poderia ajudá-la a resolver algumas pendências do seu passado.

Senti imediatamente uma forte empatia por ela. Era extremamente charmosa e tinha um senso de humor aguçado. Eu não sabia nada a respeito da pessoa com quem ela queria se comunicar.

Iniciei a sessão.

– Há um homem de pé atrás de você. Ele está me mandando lhe desejar feliz aniversário.

– Ora, obrigada. Meu aniversário foi há dois dias.

Prossegui:

– Trata-se de uma pessoa muito próxima a você. Está mencionando algo a respeito de ter ido para a África ou de ter estado na África. Isso faz sentido para você?

– Claro que faz. Meu marido e eu vivemos muito tempo lá. E esperamos retornar algum dia. Que interessante!

– Você tem um filho e uma filha?

– Não, somente dois filhos.

– Esse homem atrás de você está falando algo a respeito de um filho. Mas não tenho certeza se ele é o seu filho. Espere... Acho que entendi. Seu filho mais novo já faleceu, não é verdade?

– É, sim.

– É ele que está aqui. Atrás de você. Está muito perplexo, não consegue acreditar no que estamos fazendo. Ou... que você esteja fazendo isso.

– Faz sentido!

– Você sabe algo a respeito de uma coleção de artefatos tribais?

– Sim, meu marido negocia com antiguidades. Nossa casa é repleta desses objetos. Meu Deus, que impressionante!

– Estão me dando um nome... Andrew, ou Andy.

– É o nome do meu filho. Costumávamos chamá-lo de Andy. O mesmo nome de meu pai.

Percebi que aquela mulher estava tentando adivinhar onde eu havia conseguido essas informações.

– Agora... alguma coisa a respeito de viver nos fundos da casa. Andy está me dizendo qualquer coisa sobre isso.

– Temos uma casa de hóspedes, e Andy costumava usá-la como estúdio de pintura. Ele passava a maior parte do tempo ali.

– É por isso que está me mostrando cores tão bonitas. Estou vendo também a paleta de um artista.

A sessão continuou por mais meia hora, com algumas evidências inacreditáveis de vida após a morte. Com detalhes, Andy descreveu onde estava e o que vinha vivenciando.

– Ele está me contando que, logo que chegou, foi para uma espécie de hospital. Eles o ajudaram a curar-se de suas perturbações mentais. Agora, vive em uma colônia onde todos desenvolvem alguma atividade artística. Encontrou pessoas a quem pode compreender e que o compreendem. Está aprendendo bastante a cada dia que passa.

A seguir, Andy começou a falar sobre o relacionamento com sua mãe e sobre como morreu.

– Seu filho é uma pessoa muito sensível. Sinto que era bastante infeliz. Ou talvez não exatamente infeliz, mas profundamente deprimido. Sinto que ele não conseguia controlar suas emoções. Ele usava drogas, ou algo assim?

– Sim... Andy tomava medicamentos prescritos por médicos. Tinha distúrbio bipolar. Mas também usava drogas ilegais.

– Bem... Posso sentir que ele estava sob o efeito de drogas, mas devo lhe dizer que ele está convencido de que sofria de algum desequilíbrio químico, e foi isso que o levou à morte. Ele está me contando que muitas vezes disse a você que a odiava.

– Sim, é verdade.

– Ele quer que você saiba que foram as drogas e sua frustração que o fizeram dizer essas coisas. Até passar para o outro lado, ele não conseguia entender seu ponto de vista. Diz que você sempre tentou ajudá-lo e nunca se deixou abater nem elevou a voz, mesmo quando ele fazia algo errado.

A mulher remexeu-se desconfortavelmente na cadeira e, então, falou:

– Não sei se foi bem assim. Mas é verdade que eu amava meu filho. Sabia que ele tinha um problema sério. E o que uma mãe deveria fazer? Eu o amava acima de qualquer coisa. Nada mais importava, eu apenas o ajudei como pude.

Eu insisti:

– Mas mesmo nos períodos mais difíceis, pelo que ele está dizendo, quando a tratava de um modo horrível... nem assim você desistia.

– Eu sabia o que estava acontecendo com ele. Fiz de tudo para entender seu problema, para transmitir segurança a Andy. Eu queria vê-lo feliz, mas ele sempre foi uma pessoa solitária. Eu o amei e o amarei para sempre. Seu pai e eu tentamos de tudo. Era como se, algumas vezes, eu pudesse enxergar dentro de sua alma. Era terrível para mim sentir que ele sofria tanto.

– Ele lamenta o que a fez passar...

– Não precisa. Eu o amava!

A sessão tornou-se ainda mais intensa, à medida que Andy começou a descrever sua própria morte.

– Seu filho está na parte dos fundos da casa, sentindo-se tremendamente angustiado. A idéia de terminar com tudo passa por sua cabeça. Ele sente que não suporta mais. Fica olhando em volta, tentando imaginar o que vai acontecer com suas pinturas depois que ele morrer. Está muito deprimido. Há uma espécie de profundo rancor contra si mesmo dentro dele. Ele hesita... Você estava fora quando ele morreu?

– Sim, estava. De fato, chegamos de viagem naquela tarde. Foi meu marido quem o encontrou.

– Seu filho está me mostrando uma área aberta atrás da casa. Parece uma plantação ou... um jardim muito grande...

– Exatamente! É incrível! Nem sei o que dizer, mas está absolutamente correto.

– Seu filho está me mostrando uma grande árvore. Parece um carvalho. Muito alto, muito grosso... Ele está subindo nessa árvore.

Imediatamente, comecei a sentir minha garganta apertar-se. Não conseguia mais respirar. E então experimentei a sensação da morte, porque Andrew me transmitiu exatamente o que sentiu naquele instante. Nesse momento, interrompi a sessão e pedi a Andrew que me mostrasse sua morte visualmente, para que eu não precisasse senti-la em meu corpo. Pedi ainda a meus guias que tomassem conta da comunicação, pois parecia que o espírito com quem eu estava em contato não era capaz de controlar o que passava para mim sobre sua morte. Muitos minutos transcorreram antes que eu pudesse continuar. Andrew imprimiu visualmente em mim a cena de sua morte.

– Seu filho enforcou-se num carvalho, no jardim dos fundos. Com o auxílio de uma escada, ele subiu até um dos galhos e se atirou lá de cima. Foi isso, não foi?

A mãe de Andrew começou a chorar. Depois, confirmou a informação.

– Ele não consegue acreditar que está morto. Ele se sente tão vivo ainda... Ele acha que fez alguma besteira muito séria e está tentando retornar para seu corpo. Não consegue e fica muito frustrado. Então começa a chorar.

Eu estava transtornado com a experiência. Continuei descrevendo para a mãe a fantástica imagem transmitida à minha mente.

– Andy está dizendo que viu quando seu pai o encontrou. Logo percebeu que havia feito algo errado. Lamentou muito pelo que fez seu pai passar, e você também. Ele assistiu ao pai contando a você e a viu quando começou a chorar. Ele a escutou pensando que sempre soube que isso iria acontecer algum dia. E também captou seu amor por ele. Ele se sentiu horrível por tudo o que fez você sofrer.

– Por favor, diga a ele que eu o entendo.

– Ele diz: "Obrigado, mamãe! Me perdoe! Eu a amo muito, e o

meu pai também. Aqui há ótimas pessoas que me ajudaram a me acertar comigo mesmo. Foi difícil, mamãe... muito difícil!"

Expliquei para minha cliente que o espírito tem vontade própria e que pode assumir uma encarnação no momento errado.

– Quando isso acontece, a pessoa atravessa a vida sentindo-se incapaz de adaptar-se a qualquer coisa. Seu filho era tipicamente alguém cujo espírito ainda não estava pronto para uma nova experiência no plano terreno. Sua alma simplesmente não tinha maturidade suficiente para enfrentar o mundo.

– Isso acontece com bastante freqüência – acrescentei. – E, nesses casos, há uma sensação opressiva da qual o espírito tenta escapar. Por isso a pessoa comete suicídio.

Minha paciente entendeu perfeitamente o que eu estava dizendo. Ela me informou que Andrew nunca de fato se adaptara ao mundo.

– Mesmo quando era pequeno, ele parecia diferente do seu irmão e das crianças da sua idade.

De certo modo, essa sessão confirmou a teoria sobre almas que voltam cedo demais ao plano terreno.

A mãe de Andrew estava feliz por ter feito contato com seu filho. Finalmente aconteceu o milagre pelo qual ela tanto esperara. Disse a Andrew que pensaria nele para sempre e, assim, através dela, ele poderia vivenciar um pouco do plano terreno.

Despedi-me dessa mulher agradecendo a bênção de ter encontrado em meu caminho uma alma antiga, sábia, capaz de enxergar o amor em todas as pessoas e em todas as experiências da vida.

Capítulo Oito

O REENCONTRO DOS QUE SE AMAM

Acredito que o aspecto mais importante do meu trabalho é desmitificar o poder que usualmente conferimos à sensação de medo. O medo é uma ilusão e também o principal empecilho ao crescimento do indivíduo. O medo prende as pessoas aos seus conflitos interiores, tolhendo a liberdade. Viver com medo opõe-se a viver com amor, o que indiretamente nos afasta de uma vida produtiva, plena de criatividade.

O medo é como um círculo vicioso. Quando penetramos nele, atraímos o objeto de nosso medo e, aí, sim, ele se torna real para nós. Precisamos entender que nossos pensamentos possuem o poder de criar coisas. Podemos utilizar a energia do pensamento da maneira como quisermos, porque dispomos sempre da liberdade de escolha.

Quando inicio o processo de leitura psíquica dos meus clientes, informo sobre a maneira como estão permitindo que o medo penetre em suas mentes e como isso pode afetar seus corpos, sua saúde e suas vidas. Do modo mais simples possível, ajudo-os a reconhecer esse inimigo e a encontrar maneiras de modificar as crenças e os procedimentos que conduzem ao medo. Se conseguem colocá-las em prática, ganham acesso a um enorme arsenal de possibilidades criativas que residem no íntimo de cada um.

Um dos maiores medos que nos aflige é o medo da perda. Ele pode nos impedir de usufruir a felicidade que está ao nosso alcance. Sempre digo a meus clientes que todos somos feitos de Luz. A Luz nos envolve, uma Luz sempre criativa, benfazeja. Mesmo quando não enxergamos a Luz, devemos acreditar que através de Deus (Luz) tudo é possível. Deus sempre diz sim! Somos nós que dizemos não!

O medo da morte faz parte desse medo da perda. Esse medo resulta do fato de a morte ser algo que não podemos controlar.

A morte é absolutamente desconhecida. Tememos o desconhecido porque não sabemos o que nos espera e para onde iremos depois.

Acho impressionante que tantas pessoas acreditem ainda que, quando morremos, deixamos de existir. Acredito que o trabalho que executo seja válido no sentido de modificar esse ponto de vista e de abrir a cabeça das pessoas para algo que existe além de seus sentidos físicos. No momento em que transmito a mensagem de um espírito para um ente querido seu, no plano terreno, a vida dessa pessoa se transforma para sempre. Com este livro, procuro compartilhar com vocês um pouco desses sentimentos. Quando uma conexão entre dois mundos – o físico e o espiritual – se estabelece, ocorre um miraculoso reencontro.

Uma sessão pode iniciar-se com a descrição do espírito que vejo. Posso apenas dizer: "Sinto a presença do seu pai aqui e ele está me contando que morreu de ataque cardíaco."

Quando a pessoa reconhece a informação e aceita aquele espírito, toda a energia do ambiente se transforma. O cliente quer escutar mais informações e começa a falar diretamente com o espírito. Geralmente, preciso pedir à pessoa que se acalme, que tente se controlar, porque o espírito faz um grande esforço para concentrar seu pensamento em mim e qualquer desvio de atenção pode interferir na comunicação.

Os clientes são tomados de emoção e muitos deles começam a chorar. O choro é uma mistura de tristeza, prazer extremo, felicidade e alívio. Quando lhes transmito certas características muito particulares, a revelação atinge em cheio seus corações: "Então, meu ente querido não está morto, de fato!" Além disso, sentem o amor que emana do espírito como uma dádiva. Mensagens detalhadas continuam sendo passadas, e o ceticismo vai se transformando em esperança, a aparência sofrida em pura alegria, felicidade, êxtase. Além disso, as evidências apresentadas servem como prova de que há vida após a morte – e isso é o bastante para tocar profundamente qualquer um.

Quando um reencontro entre os vivos e os mortos acontece, pode ser a primeira oportunidade para o vivo compreender que a morte não lhe tomou o amor vivido no passado. Em vez disso, descobre que seus entes queridos permanecem com eles e que nutrem um interesse constante por seus assuntos diários. Os vivos sentem-se mais tranqüilos sabendo que seus entes queridos irão ao seu encontro quando chegar a hora da passagem para o reino espiritual. E se dão conta de que não poderão continuar tocando suas vidas da mesma forma como vinham fazendo, a partir do momento em que sentem o amor e testemunham os depoimentos provenientes do outro lado. Cientes de que não existe morte de fato, tornam-se livres para usufruir a vida. Em apenas um instante, uma vida abafada pelo sofrimento está pronta para aproveitar cada dia e cada momento, como uma bênção renovada.

Com essa nova consciência, a pessoa reconhece que tem uma contribuição única e importante para dar ao mundo e deixa de desperdiçar o precioso tempo de que dispõe. Começa ainda a olhar a vida consciente de que somos todos um único ser – o que afeta um afeta todos. Passa a se sentir mais responsável por cada pensamento e cada reação que produz, porque sabe – informada por aqueles que mais ama – que irá se defrontar com seus atos no mundo espiritual. Meus clientes também são informados pelos espíritos de seus parentes de que o plano terreno não é o único campo de encontros. Eles, no outro lado, reencontraram-se com os membros mais antigos de suas famílias, com amigos, colegas de escola e de trabalho. Depois de anos de separação, entram de novo em contato com os seres amados no outro lado, onde o amor permanece para sempre.

Em outras palavras, ninguém jamais estará sozinho.

Feliz aniversário

Um dos reencontros mais emocionantes de que participei envolveu a sólida relação de amor entre duas pessoas. Recebi um telefonema de um homem chamado Larry Gray. Ele tinha mais de 70 anos e falava com uma voz profunda, algo teatral, combinada com maneiras muito refinadas. Um amigo comentara a meu respeito e ele ficara imaginando se eu poderia auxiliá-lo a realizar "algo especial". Contou que estava chegando o dia de seu qüinquagésimo aniversário de casamento.

– Quero comemorar a data com minha esposa. Só existe um problema... Ela está morta.

– Bem, acho que podemos dar um jeito nisso. Vamos marcar um encontro.

No dia combinado chegou Larry Gray, que tem quase um metro e noventa de altura, vestindo um elegante terno marrom no estilo anos 70. Não pude deixar de pensar: "Que pessoa mais doce!"

Larry começou a se desculpar por estar atrasado, e percebi que não queria ferir ninguém.

Expliquei como funcionava meu trabalho, proferi minha oração de abertura e, quando a completei, olhei para o lado direito de Larry e vi ali uma loura muito bonita, vestida à moda dos anos 40.

– Creio que sua Kay está em pé aí do seu lado. Ela está trajando um vestido rosa, de tom suave. Está tão bonita como uma atriz.

– É porque ela era, de fato, uma atriz. Nós nos conhecemos encenando uma peça, em Berkeley – explicou Larry.

– Ela o chama de "Meu amor". Ela diz "Amor", em vez de dizer seu nome.

– Ah, sim... Nós nos chamávamos de muitas coisas. Meu Deus, devo estar parecendo um velho. Meus cabelos estão inteiramente brancos.

– Ela diz que se casou com seu coração, não com seu cabelo.

Ambos rimos, e eu prossegui.

– Kay diz que você tem uma linda voz, que costumava cantar o tempo todo.

– Isso mesmo! Todo fim de semana vou à Igreja da Ciência Cristã e canto no coro.

– Ela está falando sobre o casamento. Vocês se casaram fora do Estado da Califórnia... Nova York, talvez.

– Exatamente, em Nova York. Ela pode lhe dizer onde morávamos?

Transmiti essa pergunta mentalmente para a esposa dele e, depois de alguns minutos, eu disse:

– Ela está falando alguma coisa sobre a parte de cima da cidade. Talvez na Zona Oeste. Um apartamento pequeno.

– Bom, muito bom. Sim, chamavam a área de Washington Heights. Nossa, isso me deu um arrepio.

– Larry, ela está mencionando alguma coisa sobre a Filadélfia. Está falando sobre ir para a Filadélfia de trem. É algo sobre a época do casamento de vocês. Estavam morando em Nova York e viajaram para a Filadélfia.

– Depois que nos casamos houve um período em que precisei ir para a Filadélfia todo domingo. Isso durou algum tempo, até que larguei a igreja de lá e consegui uma outra em Nova York . – Ele começou subitamente a rir e a bater palmas. – Isso é ótimo! Incrível! Vamos, o que mais?

– Kay está me dizendo que estava sozinha quando morreu, mas foi do jeito que ela queria. Por favor, não se perturbe por isso.

– É verdade, Kay. Isso me doeu um bocado. Por Deus, você não podia ter esperado?

– Não, ela precisava partir quando chegou a hora. É uma mulher tão meiga... Está usando um bonito chapéu. Ela conta que adorava usar chapéus e que dizia a você: "Vou ao centro da cidade comprar um chapéu!"

– Exatamente! Nossa, isso foi há tanto tempo! Kay adorava chapéus... isso mesmo! Meu Deus, Kay tinha uma bela coleção de chapéus. E vestia-se sempre tão bem! Amava as cores, amava coisas bonitas.

– Ainda ama. Ela está falando de um piano.

Larry sorriu e pediu a Kay insistentemente que dissesse alguma coisa sobre o piano.

– Ela está contando que vocês tinham um piano em casa e ela adorava tocá-lo. Sabe do que se trata?

– Mas é claro que eu sei! Que impressionante! Comprei um piano para Kay... ainda está lá em casa. Mas era eu que o tocava, Kay nunca tocou piano. Eu costumava cantar, e ela cantava comigo. Fazíamos uma dupla e tanto, não era, Kay? Ah, sim, ainda toco piano. Ela me vê tocando?

– Vê, e fica sempre à sua esquerda, no lugar de costume.

Ambos sorrimos. Prossegui com o restante das mensagens:

– Larry, Kay quer que eu lhe diga que ela esteve com você no cemitério, hoje cedo.

– Bem, hoje é nosso aniversário de casamento e quero que ela saiba que a amo e que penso nela o tempo inteiro. Você sabe disso, não é, Kay?

– Sim, ela sabe, e ficou muito feliz com sua vinda aqui hoje. Ela adorou as rosas que você deixou no cemitério.

– Ah, isso não foi nada. Mas eu achei mesmo que ela ia gostar.

– Gostou, sim. Está me mostrando você com as flores. Gozado, ela está colocando uma espécie de bengala em suas mãos. Não sei o que isso significa, e você?

– Bem, a sepultura fica no alto, é uma subida e tanto. Para ir até lá com as flores, precisei da ajuda de uma bengala. Será que é disso que ela está falando?

– É, sim. E ela o acompanhou na subida. Há uma senhora junto de Kay. Possui uma voz distinta, muito teatral. Acredito que cante ópera. Ela está falando novamente sobre o piano. Sabe quem poderia ser?

– Sim, é claro. É Esther. Era uma incrível cantora. Costumávamos os três ir ao teatro juntos. Ela foi minha professora de piano por anos e anos. Meu Deus, como é bom ouvir notícias dela.

– Essa senhora quer que eu lhe diga que há um enorme teatro comunitário onde ela está. No entanto, é diferente. A música não soa como na Terra. Ela diz: "É como se aqui vivêssemos em pura harmonia. Na Terra fala-se muito de como isso poderia ser, mas ninguém sequer chega perto de imaginar como é, na verdade."

A sessão continuou por alguns minutos, com a esposa e a professora evocando lembranças dos dias que se foram. Foi um belo aniversário de casamento. Eu pensava comigo mesmo: "O que mais Kay poderia dizer para coroar tudo isso?" E havia mesmo algo reservado para o final.

– Larry, você sabe de alguma coisa sobre Paris? Quero dizer, você e Kay chegaram a passar algum tempo lá?

– Passamos sim. O que ela está dizendo sobre isso?

– Alguma coisa sobre ter estado na Torre Eiffel e que esse foi um dos momentos mais felizes de sua vida. Você sabe a que ela está se referindo?

Larry começou a chorar. Depois, enxugou os olhos e me encarou fixamente:

– Foi um dos dias mais felizes da minha vida também. Foi assim que passamos o primeiro dia de nossa lua-de-mel.

– Kay está dizendo que toda a sua vida de casada com você foi uma lua-de-mel – acrescentei.

Larry sorriu, e eu prossegui:

– Ela sempre estará com você, Larry, e... espere. Ela quer mais uma coisa. Está pedindo para você ir para casa e tocar para ela ao piano uma canção de amor.

– Rapaz! – Larry soltou uma risada. – Essa é a Kay mesmo, sem dúvida. Ela nunca sabe quando parar.

E eu lhe disse:

– Isso, ela nunca vai aprender!

Do alto da montanha

A sessão que vou descrever tornou-se uma das mais famosas da minha carreira. Um ano depois de ter acontecido, a rede de tevê NBC, em um programa chamado *Unsolved mysteries*, a reproduziu. O episódio tornou-se um dos mais populares do programa e é constantemente reprisado nos canais a cabo. Foi de fato uma das minhas sessões mais memoráveis.

Estávamos em junho de 1995 e eu me encontrava sentado do lado de fora do prédio onde fica meu apartamento, aguardando Don e Sue Raskin, clientes que eu não conhecia. Cinco minutos antes das seis, um casal veio andando na direção do edifício. Lembro-me muito bem da minha reação quando os vi. O homem parecia muito adoentado e achei que a jovem senhora que o acompanhava era sua filha – na verdade, era sua mulher.

Assim que proferi minha oração, me dei conta de que havia muitos espíritos ao meu redor. Eu captava a presença de muitas mulheres, mas também a energia forte de alguns homens. Comecei a relatar minhas sensações e observações, esperando que os espíritos presentes fossem das pessoas com quem o casal queria estabelecer contato.

– Don, quando você entrou por aquela porta, havia um jovem atrás de você. Parece que ele era muito jovem quando faleceu. Você tem um filho no mundo espiritual?

Eles trocaram olhares espantados e, muito lentamente, ele me respondeu:

– Sim – murmurou, confirmando o que eu havia dito.

– Ele diz que o ama imensamente e que você não tem o que temer. Ele o ama muito, muito mesmo. Ele repete isso insistentemente. A inicial A significa algo para você? Conhece alguém chamado Adam?

– Acho que não – respondeu Sue.

Voltei-me para Don e lhe comuniquei:

– Seu filho diz que a sua mãe e o seu pai estão com ele, aqui, esta noite. Vieram de mãos dadas com o seu garoto. Você conhece alguém cujo nome começa com M?

– Sim, o meu pai. O nome dele era Mike – replicou Don.

– Temos também aqui uma moça chamada Lillie, ou Millie... ou Ellie.

Ele pulou da cadeira:

– É a minha irmã! Ela também está morta.

– Costumavam chamá-la de "Babs"?

– Sim... e de muitos outros apelidos.

– Sua irmã é muito engraçada. Ela e o seu pai ficam mexendo um com o outro. Eles se dão muito bem. Mas é o seu filho que deseja falar. Ele afirma que é o convidado de honra desta noite. Ele se chama... Doug. E morreu em um hospital, não foi?

– Exatamente.

– Ele diz que se sentia muito mal. Foi algo que aconteceu de repente? Ele diz que as pessoas ficaram tremendamente chocadas, que ninguém esperava. Parece que aconteceu alguma espécie de acidente. Ele foi ferido na cabeça?

– Isso mesmo.

– Ele está me transmitindo uma dor na cabeça. Acho que seu pescoço também foi afetado. Ele teria sido transportado por um helicóptero? Ele está falando alguma coisa sobre um vôo de helicóptero.

– Exato, ele foi levado de helicóptero para o hospital.

– Ele está me passando a sensação de escalar... uma escalada... Está me mostrando uma montanha. Agora, eu sinto como se estivesse escorregando, como se estivesse caindo. Vocês entendem?

Começaram ambos a chorar, confirmando a informação. Prossegui:

– Ele diz que sempre soube que algo assim aconteceria com ele. Diz que sempre viveu no limite, desafiando os limites... Não havia nada que vocês pudessem ter feito para evitar. Parem de se sentir culpados, porque não seriam capazes de detê-lo. Alguma vez ele falou qualquer coisa sobre saltar de pára-quedas? Ele diz que, se não tivesse morrido escalando uma montanha, teria sido num salto de pára-quedas.

– Ele era do tipo aventureiro – falou Don. – Sempre metido em alguma coisa.

– Ele gostava de fotografia? Está me dizendo que tirou fotos do mundo inteiro. Ele sabe que vocês andaram olhando seus álbuns. Diz que vocês não conseguirão encontrar nenhuma foto que se assemelhe ao lugar onde ele está agora. As cores do céu... É tão cheio de cores... Inacreditável! Luzes em tons de rosa, violeta...

"Não se preocupem comigo", ele diz. "Estou vivendo uma grande aventura aqui!" Quem é Tam... ou Tammy?

– É a irmã dele.

– Ele pede que lhe digam que a ama e que lhe agradece pelas orações, pelos bons pensamentos, pelos votos de bem-estar... e por seu amor. Está muito agradecido, de verdade!

– Diremos a ela, com toda a certeza.

– Seu filho está mencionando alguém chamado Mark. Ele conhecia alguém com esse nome?

– Ah, claro... eram bons amigos.

– Ele lhe manda um abraço. E pede que lhe digam que estará sempre por perto e que continuarão sendo bons amigos.

Don não me parecia nada bem. Percebi que sua dor havia lhe tirado o ânimo de viver. Parecia uma concha vazia. Transmiti-lhe a preocupação do filho com sua saúde.

– Doug está dizendo que você deve se cuidar para não ter uma úlcera. E que está tendo problemas para dormir. Você foi ver um médico por causa disso?

– Isso mesmo, na semana passada. Ele me receitou umas pílulas para dormir.

– Ele quer que eu diga que vocês dois o ajudaram a viver esta vida plenamente. Sempre o apoiaram, sempre acreditaram nele. Vocês foram os melhores pais do mundo, é o que ele diz. Havia uma foto dele na cerimônia fúnebre?

– Sim...

– Ele está me mostrando uma moldura, muitas fotos dele e, no centro, uma maior do que todas as outras. Ele diz que vocês tiveram muita dificuldade para escolher essa foto maior.

Sue e Don começaram a rir. Sue contou que realmente precisaram procurar bastante.

– Doug está me contando que foram vocês que escolheram a música para a cerimônia. Diz que parecia irlandesa ou escocesa... algo como *Enya*.

– *Enya*... foi essa mesma que tocamos – confirmou Sue.

– Don, você pratica algum esporte? Doug está me mostrando um cavalo. Por que vocês não tiram uns dias para andar a cavalo juntos?

– É o que estamos indo fazer, com um amigo meu. E estou usando uma camisa que Doug me deu.

– Ele diz: "Aproveite-a bem, papai. E aproveite a vida por mim. Faça isso, aproveite a vida!"

Nessa altura, uma questão muito intrigante veio à tona e até hoje me fascina lembrar o que Doug disse a respeito.

– Vocês reproduziram uma foto dele recentemente? Doug está rindo muito por causa dessa foto, como se houvesse alguma piada secreta relacionada a ela.

– A foto foi tirada originalmente durante uma viagem com Doug. Só que nossa filha percebeu na foto uma espécie de brilho luminoso que não estava lá antes. Parecia algo com o formato de um coração, feito de fumaça. Então mandou ampliar a foto e distinguimos, escrito no interior do coração: *Eu amo vocês.*

Ele está dizendo: "Fui eu que fiz aquilo aparecer." Ele está rindo muito... "Vocês entenderam? Fui eu! Foi um presente meu para vocês. Considerem como se fosse um cartão-postal daqui do Paraíso."

Essa parte da mensagem demonstrou mais uma vez o poder do amor transcendendo o plano físico. O restante da sessão nos trouxe a mãe de Don, seu pai e sua tia Bea. Cada um deles descreveu detalhadamente o que se lembravam de Don quando ele era criança. Então, Doug retornou e ficou conversando conosco até o fim da sessão. Cada informação sua era mais uma impressionante prova da vida após a morte.

Perguntei a Sue:

– Você esteve recortando artigos de jornal com uma tesoura recentemente?

– Sim.

– Todos os espíritos presentes aqui estavam à sua volta, observando-a. Quando foi isso?

– Na semana passada. Havia um grande artigo no jornal sobre Doug e sobre sua morte. Mas não era apenas um obituário, era sobre o monte Fuji.

– Vocês estão fazendo uma espécie de livro de recordações? Doug diz que já têm tudo o que precisam, falta apenas juntar as partes. Ele sabe que vocês deixaram tudo guardado.

Eles sorriram, e eu continuei.

– Kieto. O que significa isso?

– Fica no Japão. É perto de onde aconteceu o acidente. Estávamos com ele em Kieto.

– Doug está dizendo que adora a foto que tiraram dele ao pé do monte Fuji. Vocês têm essa foto?

– Ainda não. Há fotos que foram tiradas pela equipe de alpinismo e que ainda não foram reveladas.

– Por favor... Tentem gravar essa informação na memória.

– Claro.

Nosso encontro durou ainda meia hora. Os Raskins deixaram minha casa sentindo-se totalmente diferentes de quando haviam chegado. A expressão no rosto de Don indicava que ele entrara no caminho da recuperação. Agora o casal sabia não apenas que seu filho continuava vivo, mas que permanecia junto deles o tempo todo.

Mais tarde descobri que Doug Raskin não era um filho comum. Parecia um anjo vindo do céu. Passara muitos anos viajando pelo exterior prestando auxílio aos mais pobres. Chegou a atravessar a nado trechos revoltos de rios com alimentos amarrados às costas, para poder entregá-los aos necessitados. Era aventureiro e generoso e todos os que conviveram com ele foram tocados por sua luz.

Dois meses depois dessa sessão, o telefone tocou. Era Sue Raskin dizendo que acabara de receber pelo correio as fotografias que a equipe de alpinismo de Doug enviara.

– A primeira foto que eu puxei do envelope era justamente do nosso Doug, com um sorriso de orelha a orelha. Ele estava bem no sopé do monte Fuji.

Parte III

O PRÓXIMO PASSO

Capítulo Nove

Para além do sofrimento

Há um tempo para tudo,
uma estação propícia a cada ato, debaixo do Sol,
um tempo para nascer, outro para morrer.
– Eclesiastes 3:1

Somos capazes de superar a perda de um ente querido? É possível recomeçar a vida sem a pessoa com quem costumávamos compartilhá-la? Será que as lembranças dos tempos felizes conseguem nos devolver o gosto pela vida?

Não há respostas fáceis para essas perguntas. Quando alguém deixa o mundo terreno e passa para o espiritual, isso significa que nunca mais teremos um contato físico com essa pessoa. Mas sempre poderemos sentir sua presença e mesmo compartilhar nossa existência com ela através da lembrança viva em nossos corações e em nossas mentes, nos dando conta de que, como ser espiritual, livre do limite da condição física, ela estará mais próxima de nós do que nunca.

Como a citação da Bíblia diz, há um lugar e um tempo naturais para cada experiência terrena. A cada vez que retornamos ao mundo físico, usufruímos um crescimento espiritual. Toda ocorrência em nossa vida determina e mede esse crescimento. Assim como o ciclo das estações, em que algo morre no inverno e renasce na primavera, haverá sempre na vida um fim e um recomeço. Tudo o que fazemos tem a ver com esse crescimento.

Toda criatura terrena experimenta algum tipo de perda. Pode ser a demissão de um emprego, um divórcio, um acidente ou um crime. Pode ser um objetivo nunca alcançado ou simplesmente o fato de envelhecer. Podemos considerar como perdas as mudanças de vida, sempre estressantes, mas compreendemos que também esse tipo de experiência tem sua função em nossa existência. Há alguns passos que podemos dar para transformar nosso sentimento de perda em uma experiência benéfica, algo que contribua para alcançarmos maior plenitude em nossas vidas. O primeiro deles é reconhecer e aprender a lidar com o sofrimento.

COMO RECONHECER O SOFRIMENTO

O sofrimento assume diferentes aspectos – físico, mental e emocional. Desamparo, ansiedade, insônia, medo, irritabilidade, rancor, depressão, náusea, falta de ar, palpitações; mesmo pensamentos suicidas podem ser considerados como sintomas ou sinais de grande sofrimento. É importante dar-se conta de que chorar a perda de alguém (ou de alguma coisa, como no caso de um emprego) é absolutamente normal. Quando sofremos uma perda, temos a sensação de que nossa vida terminou, de que nada será como antes. Achamos que não conseguiremos suportar sequer mais um dia sem a pessoa que perdemos. É como se o mundo tivesse sido virado pelo avesso. Nada mais parece se encaixar ou fazer sentido. Em todas as áreas de nossa vida instala-se um total desequilíbrio. Não conseguimos pensar nem tomar decisões. Freqüentemente, chegamos à conclusão de que não somos mais capazes de controlar nossas emoções – choramos por qualquer coisa, trememos ante o menor desafio. Todos esses sentimentos e sensações fazem parte da experiência do sofrimento. Não devem ser subestimados ou considerados errados.

Pessoas nesse estado são acometidas de uma certa apatia no que diz respeito ao seu aspecto físico, emocional e espiritual. Mas é importante para essas pessoas enfrentarem o sofrimento com o objetivo de retomarem aos poucos suas vidas.

Como fazemos isso? Como conseguimos nos recuperar? Embora o foco deste livro esteja na perda de entes queridos, os estágios descritos à frente podem ser aplicados a qualquer tipo de perda – uma pessoa, um animal de estimação, um lar, um emprego – ou mesmo a uma convivência longa com algum tipo de enfermidade. O processo de cura, igualmente, aplica-se à maioria das situações de perda.

1. O choque

Quando uma pessoa é notificada da morte de alguém querido, sua primeira reação pode ser entrar numa espécie de estado de choque, algo como uma vertigem, uma fixação no pensamento: "Isso não pode ter acontecido." Como se fosse tomada por um transe, ela parece um zumbi, vagando sem se dar conta de onde está. Mais tarde, pode até não recordar esses primeiros dias. O esquecimento é uma espécie de ajuda da natureza, nos permitindo fechar, inconscientemente, nossas mentes até podermos começar a lidar com a súbita mudança em nossas vidas.

Esse choque inicial pode durar algumas horas ou alguns dias e, quando termina, é importante ter um amigo próximo ou alguém querido para nos dar apoio. Geralmente, a família e os amigos estão ao nosso lado nos primeiros momentos, mas aos poucos vão indo embora. É justamente quando passa o choque que mais precisamos de amparo. É aí que começa a dor de verdade.

Ao sofrer a dor, precisamos lembrar que sentir raiva, sentir-se ferido, é uma reação muito natural. Você irá superar essa fase. A vida retornará ao normal.

2. Negação

Quando nos sentimos feridos, nossa tendência é negar. Fazendo isso, parece mais fácil lidar com a dor. Queremos tanto que a dor não exista, que a negamos, tentando nos enganar, nos convencer daquilo em que queremos acreditar. Mais uma vez, é nossa mente inconsciente tentando lidar com a dor da perda. A negação pode se manifestar de várias maneiras:

1. Perdemos o interesse pelas nossas ocupações diárias ou nos afastamos delas.

2. Dormimos demais ou sofremos de insônia.
3. Perdemos o apetite.
4. Deixamos de cuidar de nossa higiene diária.
5. Ficamos presos a uma profunda depressão.

Mais uma vez é importante perceber que a negação é uma etapa normal do processo de dor e que, eventualmente, nos tornaremos capazes de superá-la.

3. Sentir a perda

O primeiro passo para a cura é aceitar a realidade da nova situação – sim, você sofreu uma perda. A perda é real, e reconhecê-la é muito importante. Sinta-a com intensidade. Não reprima sua raiva, sua tristeza, sua perturbação, seu desamparo. Esses sentimentos são absolutamente naturais. Não os esconda nem os disfarce, pensando que pode estar se portando de maneira imatura ou que esse comportamento é inaceitável. Chore! Chorar é uma reação natural e necessária para a cura do corpo. Há provas científicas de que as lágrimas de tristeza são bioquimicamente diferentes das lágrimas provocadas pelo riso e pela felicidade. Assim, chorar ajudará você a liberar substâncias químicas do seu organismo.

É natural que você passe muito tempo pensando na pessoa que perdeu e talvez sinta raiva. Se isso acontecer, deixe sua raiva extravasar sem ferir nem a si nem os outros. Canalize-a para uma atividade física, algum esporte, soque um travesseiro ou vá para um lugar afastado, onde você possa gritar à vontade. É compreensível que você sinta dor, que sofra; liberar sua raiva só irá fazer bem à sua saúde.

Não tente determinar o que deveria estar sentindo. Cada um de nós é um indivíduo único que reage de maneira diferente a cada situação, sobretudo em caso de perda. Não queira se julgar pelo modo como os outros manifestam seus sentimentos. Não há certo nem errado que se aplique a você.

É também muito comum querermos escapar logo da dor, e para isso fazemos uso de tranqüilizantes. Algumas vezes são de fato necessários, por um período curto, para nos dar alívio. No entanto, as drogas, a longo prazo, ocultam o progresso que obtemos, e os sentimentos que estamos tentando abafar retornam de um jeito ou de outro.

Ao longo desses anos, encontrei centenas de pessoas que ainda não conseguiram lidar com seu sentimento de perda. Seus corpos mostram isso – o exterior é um espelho do interior. Reprimiram tanto seus sentimentos que ficaram doentes. A dor reprimida devora-as por dentro e se manifesta através de uma série de problemas de saúde e enfermidades, incluindo obesidade, alergias, dores e incômodos variados, problemas com a respiração e, em alguns casos, câncer.

Portanto, para nos mantermos saudáveis, precisamos vivenciar plenamente nossos sentimentos. Eles são o termômetro de nossas vidas.

4. Reconhecimento e aceitação

Depois de viver o choque, a negação, a dor e o sofrimento, avançamos para o estágio de reconhecimento e de aceitação da perda de nosso ente querido. Esse é o primeiro passo para reencontrar o equilíbrio. Aceitar a morte do ser amado não significa concordar com ela; estamos apenas encarando a realidade. Compreendemos que a pessoa se foi, que não teremos mais contato físico com ela. No entanto, nós a reencontraremos quando chegar a hora de nos transpormos para o mundo espiritual.

Uma perda é sempre irreparável. A dor é proporcional à intensidade dos sentimentos em relação à pessoa falecida. Mas é importante dar-se conta de que experimentar a dor a fundo já é uma forma de cura. Você pode – e conseguirá – recuperar suas forças e voltar à vida, continuando assim seu processo de aprendizado.

5. Estabelecer objetivos práticos

Além de lidar emocionalmente com a perda, é importante também restabelecer a ordem no seu dia-a-dia, do ponto de vista financeiro e prático. Isso vale especialmente quando a pessoa falecida se encarregava sempre dos assuntos referentes a dinheiro. Não tenha medo de pedir ajuda e orientação. Algum membro da família, um amigo ou mesmo um advogado podem lhe oferecer apoio nessas horas, e talvez consigam ajudar bastante – mais até do que você imagina.

6. Seguir em frente

O Sol se põe e a cada dia nasce outra vez. Você atravessou um período de muita tensão emocional que às vezes pareceu insuportável. No entanto, chegou a hora de retomar sua vida, de seguir em frente. Um novo capítulo da sua existência irá começar.

Esse é o melhor momento para pedir ajuda a um terapeuta ou a um grupo de apoio. Nesses grupos, todas as pessoas sofreram perdas semelhantes e precisam de ajuda para prosseguir em suas vidas.

Talvez seja um bom momento para você desenvolver alguma atividade física regular. Entre para uma academia de ginástica, pratique natação, tênis, caminhe diariamente. A atividade física contribui para liberar a raiva, eliminar a depressão e espalhar hormônios benéficos por todo o corpo.

Como afirmei anteriormente, dor e cura não sucedem uma à outra do dia para a noite, e não há como determinar o tempo que uma pessoa leva para se curar e refazer a vida. Seus entes queridos estarão sempre próximos, mesmo que você não esteja consciente de sua presença. Usufrua as lembranças que guarda deles. Elas fazem parte de seu patrimônio emocional e serão uma fonte permanente de alegria se você acolhê-las.

CUIDADO COM OS COMPORTAMENTOS NEGATIVOS

É importante que você se conscientize de que há idas e vindas em todo processo, sensações e sentimentos negativos que retornam, mudanças bruscas de estado emocional e mesmo comportamentos autodestrutivos. Esteja alerta para sinais como os descritos a seguir. Se persistirem por um tempo relativamente longo, recorra a ajuda profissional.

1. Acalentar pensamentos suicidas, o que de início é muito comum. Mas se o desejo de morrer acentuar-se, alerta geral! Recorra imediatamente a um psicólogo ou a um psiquiatra.
2. Tornar-se dependente de tranqüilizantes e antidepressivos. É importante fazer um acompanhamento médico para impedir que o hábito se estabeleça. Quanto mais rápido a pessoa largar a medicação, mais cedo será capaz de aceitar a perda sofrida e iniciar sua recuperação.
3. Afastar-se das atividades normais e assumir posturas obsessivas. É hora de procurar um profissional que o auxiliará a encarar outra vez a realidade de frente.

O luto e a perda são sempre dolorosos. Mas fazem parte da experiência de vida pela qual passamos, inevitavelmente. Todos sofreremos a perda de alguém querido. Devemos ter certeza de que somos capazes de superar o sofrimento e sobreviver a isso.

Mesmo que nesse momento isso não esteja claro, sua luz neste mundo é sempre necessária. Não há ninguém igual a você na Terra. As pessoas precisam de você. No momento de uma perda, você pode sentir certa culpa ou ter um sentimento de inutilidade. Pode até ficar obcecado com a idéia do que deveria ter feito para evitar a morte do ente querido. Mas essa auto-acusação não ajuda em nada. Não alimente esse tipo de coisa! A dor que você está sentindo pode ajudá-lo a tornar-se mais sensível em relação aos outros. Algum dia, quem sabe, você apoiará alguém que esteja passando por isso. Por mais intensa que seja a sua dor, você é maior do que ela. Trate-se bem, acolha-se, console-se. Diga o quanto se ama e gosta de viver, de ter a força e a coragem necessárias para retomar essa imensa aventura que é a vida.

Capítulo Dez

Fazendo contato

Sou muito procurado por pessoas que desejam fazer contato por conta própria com seus entes queridos mortos. Há outras que também possuem fortes poderes mediúnicos e psíquicos e querem saber o que fazer para desenvolvê-los. Neste capítulo dou algumas orientações para esses dois casos.

Antes de mais nada, não se trata de um jogo nem de uma brincadeira. Não tenho a intenção de ensinar alguns truques para você divertir os amigos com suas habilidades psíquicas. O desenvolvimento da sua intuição deve ser levado muito a sério e ser conduzido respeitosamente. Para ter êxito, é preciso trabalhar bastante. O resultado refletirá a disciplina, o tempo e a força de vontade que você empregou para desenvolver suas habilidades. Sua família espiritual também compartilha o desejo de entrar em contato e fará qualquer coisa para você constatar que seus membros continuam vivos. Os espíritos estão sempre à nossa volta e, apesar de alguns serem capazes de se comunicar sem muito esforço de nossa parte, outros podem encontrar muitas dificuldades. Cada um ao seu modo, todos somos médiuns.

Nossa primeira lição é abrir totalmente nossa mente e iniciar esse trabalho com humildade e amor. Quando nos abrimos para o reino espiritual, precisamos de todo o conhecimento disponível.

Ao iniciar minha jornada, li mais de uma centena de livros, conversei com muitos médiuns e professores voltados para o desenvolvimento espiritual. Visitei centros religiosos consagrados à área em que estava interessado. Meu objetivo era dominar esse tipo de trabalho, de forma a poder ajudar a humanidade e difundir o amor e o conhecimento sobre a vida após a morte. Se você quer apenas entrar em contato com seus entes queridos ou com seus guias, sua motivação será bem diferente da minha. Você não precisará percorrer um caminho tão extenso quanto o meu. Mas lembre-se de que, quanto mais você conhecer a respeito dessa matéria, maior será sua capacidade de compreensão e a possibilidade de obter resultados.

Você precisa assumir esse trabalho com seriedade e disciplina. Repetindo, se você pretende abrir-se para o mundo espiritual, deve fazê-lo não por curiosidade ou por divertimento, mas com reverência, humildade e dedicação, além de muito respeito. Vou lhe dar breves sugestões que merecem ser aprofundadas. Existe uma vasta literatura a respeito. Informe-se e consulte-a.

Para começar, vamos examinar as leis espirituais e físicas básicas e como elas se aplicam ao seu desenvolvimento espiritual.

MOTIVAÇÃO E DESEJO

Qual é a razão que está por trás de seu desejo de desenvolver suas habilidades interiores e de contatar seus entes queridos? É algo frívolo ou interesseiro? É por desejo de vingança ou ambição? Se os seus objetivos se enquadram em alguma dessas categorias, não prossiga. No mundo espiritual trabalha-se em torno do amor incondicional. O amor é o elemento mais poderoso para nos aproximar do espírito. Se você quer fazer contato e explorar os domínios espirituais para desenvolver-se espiritualmente e iluminar os demais, então – e só então! – concordarei com suas motivações.

PREPARAÇÃO

Toda vez que realizamos o trabalho psíquico devemos nos preparar convenientemente de maneira a nos tornarmos um canal propício para o espírito. A preparação se dá em diversos planos – físico, emocional, mental e espiritual.

Em relação ao aspecto físico, é importante uma dieta sadia. A dieta vegetariana, com baixo consumo de açúcar refinado e cafeína, deixa o corpo mais apto para receber o espírito. A carne vermelha, em especial, torna as vibrações do corpo mais lentas e, conseqüentemente, diminui os níveis de sensibilidade. O álcool rebaixa a freqüência da vibração natural do corpo e nunca deve ser consumido por alguém que esteja se preparando para abrir-se para o mundo espiritual. O uso continuado de álcool e de drogas pode até mesmo trazer a você entidades que habitam planos com uma vibração mais baixa no domínio astral. Essas entidades poderiam facilmente influenciá-lo negativamente e deturpar as informações que você vai receber.

Também é necessário realizar uma preparação voltada para suas condições emocionais e mentais. Seus pensamentos influenciam seus sentimentos. Portanto, tente ao máximo manter uma atitude positiva diante da vida. Para isso, recomendo enfaticamente que pratique algum tipo de meditação, de visualização ou de afirmação positiva logo de manhã, ao acordar. Lembre-se de que esses primeiros pensamentos afetam você pelo resto do dia.

Se estiver com o sistema nervoso abalado ou estressado, isso pode fechar importantes canais de energia psíquica que percorrem incessantemente a coluna vertebral de seu corpo etéreo. Você não conseguirá receber informação espiritual nítida e pura se essas áreas estiverem bloqueadas. Toda vez que, durante uma sessão, um espírito chega a mim chorando, ansiosíssimo para conseguir falar com seus entes queridos, descubro que meus centros receptores e meus canais ficam bloqueados pela sobrecarga do seu estado emocional.

Um outro elemento enormemente importante é a preparação do nível espiritual. O trabalho espiritual é um gesto de entrega, um serviço, um ato de amor. Devemos sempre almejar trazer todo o amor e compreensão de que formos capazes para aqueles com quem entramos em contato. Nossos amigos espirituais e nossos guias estão incessantemente procurando pessoas através das quais possam difundir sua mensagem de amor para todo o planeta. Portanto, para sermos seus instrumentos, precisamos sempre estar em sintonia com as manifestações de amor mais poderosas.

Dedique-se a uma vida de amor e de serviço em todos os setores de sua experiência física. Procure ser um exemplo vivo do dom do amor e ver todas as coisas como expressões do amor criativo que chamamos de Deus. Se queremos atingir uma compreensão mais elevada de nós mesmos, precisamos deixar de lado tudo o que não seja realidade: crítica, preconceito, caprichos do ego. Em vez disso, abra-se para a luz da tolerância e do amor em sua forma mais pura.

SENSIBILIDADE E ATENÇÃO

Ao lidar com os reinos espirituais, estaremos penetrando em um mundo muito diferente do que podemos ver com nossos olhos físicos. Para executar esse trabalho de maneira adequada, precisamos nos desligar do mundo exterior e nos preparar para entrar em um mundo baseado em nossa visão interior e em nosso conhecimento. Qualquer pessoa disposta a dedicar seu tempo pode ter acesso a esse mundo novo. Explorar esse interior nos fará viver uma existência plena e uma vida mais feliz. Ao nos habituarmos a utilizar nosso conhecimento interior, começaremos a substituir o medo pela verdade em cada situação de vida, e nunca mais olharemos para o mundo físico da mesma maneira.

Para entrar em contato com seu mundo interior, o melhor é iniciar com uma meditação.

ENERGIA

Tudo é feito de energia! As moléculas de vida são uma força que nos rodeia e que percorre nosso organismo todo o tempo. Podemos emitir energia e receber energia, contanto que nossos canais se encontrem abertos e sensíveis.

Como podemos sentir essa energia?

Vamos começar com um simples exercício. Feche os olhos e mantenha as palmas de suas mãos viradas uma para a outra, a uma distância de 60 cm. Sustente-as asim por aproximadamente três ou quatro segundos. Concentre-se na área entre as palmas de suas mãos e, lentamente, aproxime uma da outra, como se estivesse apertando um acordeão. Sinta o espaço entre as palmas de suas mãos, à medida que as aproxima. Mova as suas mãos – gestos circulares – e perceba os deslocamentos sutis de energia. Talvez você precise repetir isso umas duas ou três vezes, mas vai conseguir. Posicione uma de suas mãos acima de qualquer parte do seu corpo e, devagar, aproxime a palma da mão dessa área – quanto mais você fizer este exercício, mais se tornará sensível à tênue aura de energia que cerca o corpo humano. Talvez você perceba que algumas partes do corpo desprendem uma energia mais densa do que outras. Isso pode acontecer por muitas razões. Ali pode estar se processando a recuperação de algum tipo de ferimento. Quando algo ataca o organismo, afeta também o corpo etéreo. Portanto, sempre se pode encontrar alguma espécie de indício do ferimento ou da lesão – e o indício mais comum é uma concentração maior de energia.

PACIÊNCIA

Tudo tem um ritmo e uma energia criativa particulares. Quando se trata de paranormalidade, não há como usar um calendário para medir nossos progressos. Uma das ferramentas mais importantes é a paciência. Precisamos de tempo para voltar ao nosso lado infantil que fechamos, substituindo a inocência pelo pensamento racional. Nesse tipo de trabalho, quanto mais usarmos nossa mente racional, menos progressos faremos. Quando gastamos energia em excesso analisando um pensamento ou uma mensagem, deixamos muito pouco dessa preciosa energia para ser utilizada no verdadeiro trabalho espiritual e psíquico. Evoluir leva tempo.

Com paciência e disciplina, você começará a perceber as mudanças. Usufrua cada pequena nova porção de sensitividade que conquistar. Não desista se os resultados não aparecerem imediatamente. Seus espíritos-guias e seus amigos do outro lado sabem que você está se esforçando e darão o melhor de si para ajudá-lo. Lembre-se de que leva tempo para que os espíritos consigam renovar sua mente e despertar sua sensitividade. Seja paciente!

UMA MENTE ABERTA

Quando você penetra no mundo espiritual, está experimentando algo que a maioria das pessoas sequer acredita que existe. Grande parte dos indivíduos deste mundo abafou sua sensibilidade há muitos anos, esperando que essa espécie de sonolência os ajudasse a sobreviver ao tumulto emocional do mundo físico.

Todos os dias vivenciamos coisas que não podem ser explicadas. Alguns se referem a essas experiências como coincidências, acidentes ou apenas sorte. Decididamente, não existem tais coisas! Quando enviamos pensamentos sobre nossas necessidades e nossos desejos, muito freqüentemente o que persistimos em mentalizar acontece em nossas vidas. Trazemos para nós experiências que podem ajudar em nosso crescimento e aprendizado. Digo a todos os meus clientes, durante as sessões, que deixem de lado as idéias preconcebidas ou suas expectativas sobre o que poderá acontecer. Só assim estarão preparados para todas as possibilidades. Com uma mente aberta, seremos capazes de entender profundamente idéias e expressões que passaram despercebidas ou que menosprezamos.

COOPERAÇÃO

Você não está só nesse trabalho. Tem parceiros no mundo espiritual. Faça a sua parte e o espírito fará a que lhe cabe. Quando desejar contatar o mundo espiritual, lembre-se de que os espíritos também possuem vontade própria. Se decidirem vir a você, empenharão suas vibrações energéticas e se concentrarão para lhe transmitir uma mensagem. Mas talvez não queiram fazer isso. Se decidirem trabalhar com você, precisam entender o que você está querendo comunicar. O fato de terem morrido não significa que já dominem os mecanismos de comunicação espiritual. Você precisa deixá-los saber como quer que eles se comuniquem. Diga-lhes para imprimir a mensagem em sua mente de uma determinada maneira.

Aqui vai um exemplo. Se estou me comunicando com o pai de alguém ou com um espírito da família do pai de alguém, peço ao espírito para ficar à esquerda do meu cliente. Se o parentesco é pelo lado da mãe, peço-lhe que fique à direita. Se é uma criança, peço-lhe que se coloque à frente do consulente. Se é um avô ou avó, peço-lhe que fique atrás dele. Esse sistema é bastante claro para que os espíritos possam usá-lo.

Muitas vezes meus clientes me vêem voltando a cabeça e conversando com o ar. Digo: "Sim, eu escutei!" Ou: "Não. Repita, por favor." É o meu jeito de informar aos espíritos como está nossa comunicação.

Lembre-se, você está neste planeta para aprender as lições básicas sobre o amor e sobre sua responsabilidade em relação a si mesmo e ao próximo. Essas lições aparecem em cada momento de nosso cotidiano. Sempre que iniciar um trabalho com os espíritos, procure centrar-se no fundamento do amor, onde não existe lugar para a ganância ou para a necessidade de autopromoção.

EXERCÍCIOS DE DESENVOLVIMENTO

Meditação

Para aumentar sua sensitividade e sua capacidade de estar atento às presenças espirituais, você deve praticar regularmente a meditação. Se está apenas começando, recomendo que pratique a meditação pelo menos duas vezes por semana. Torne isso um hábito, fazendo-o sempre na mesma hora do dia. Dessa maneira você permitirá ao mundo espiritual saber que aquela é a sua hora para exercitar-se e desenvolver-se. Se possível, tente começar meditando por pelo menos 15 minutos, e vá aumentando o tempo gradualmente. Mas não se preocupe excessivamente com isso. O tempo de meditação pode ser estabelecido por seus guias espirituais, não por você.

Não existe uma forma certa ou errada de meditar. O objetivo de cada exercício é produzir em você um estado de relaxamento. Você estará tentando entrar em contato com seu mundo interior para tornar-se mais sensível à própria existência.

Círculo

A maioria das pessoas que desejam desenvolver seus dons mediúnicos julga mais benéfico e mais viável, além de praticar a meditação sozinha, reunir-se no que se convencionou chamar de círculo de desenvolvimento. Um círculo de desenvolvimento é composto de duas ou mais pessoas que se reúnem toda semana à mesma hora para desenvolver suas energias mediúnicas.

Geralmente, um círculo mantém os mesmos participantes toda semana. É importante que haja harmonia entre as energias dos diversos membros do círculo. Conflitos e choques de egos irão prejudicar o desenvolvimento do grupo e impedi-lo de alcançar níveis de aprendizagem espiritual mais elevados. As vibrações de um grupo que trabalha bem sempre podem atrair os espíritos. Pertencer a um grupo é um compromisso que deve ser assumido com a condição de todos os membros estarem dispostos a gastar uma ou duas horas, no mesmo horário, toda semana.

Uma pessoa deve ser escolhida para liderar o grupo. De preferência, alguém que tenha alguma experiência com desenvolvimento de energia psíquica. Na abertura do círculo profere-se uma prece para dar boas-vindas aos espíritos-guias e aos amigos que irão se apresentar para trabalhar o grupo, pedindo que o protejam. Ao final da oração, pede-se a todos os participantes que visualizem uma luz branca – a luz do amor – circundando o grupo e se espalhando por todo o ambiente, como uma proteção complementar. A seguir, o grupo pode querer escutar algum tipo de música espiritualizada, como uma fonte adicional de energia.

Antes de iniciar o encontro, os participantes devem decidir para qual das pessoas do grupo deve ser dirigida a energia. Pode acontecer de apenas uma possuir poderes mediúnicos e de o grupo decidir trabalhar em conjunto para desenvolver ainda mais a sensitividade daquele membro. Caso vários membros possuam poderes mediúnicos, é importante distribuir as energias. É aqui que entra o líder, controlando o tempo dedicado a cada um e informando ao grupo quando passar para outra pessoa. A idéia é enfocar toda a energia mental naquela pessoa com a cor branca, a cor que representa a luz do amor de Cristo.

Uma vez sentado em círculo, você poderá sentir frio nas partes mais baixas do corpo. Geralmente, esse é o sinal de que os espíritos estão se sintonizando às energias do ambiente. Pode acontecer também de seu terceiro olho captar imagens aparentemente triviais. Não as desmereça, pois talvez signifiquem alguma coisa para alguns dos participantes do grupo. Da melhor maneira possível, tente se lembrar de tudo o que viu, sentiu ou escutou. Mesmo que não consiga interpretar a informação, você pode se surpreender ao constatar como algo sem significado para você ganha importância para outra pessoa do grupo.

Quando chegar a hora de o círculo concluir seu trabalho, o líder pede a todos para, lentamente, retornarem à consciência do seu corpo físico. Quando todos retornam em segurança – e é muito importante aguardar até que o último tenha retornado –, o líder profere uma prece de encerramento, agradecendo aos espíritos que os auxiliaram. Geralmente, envio amor e luz aos menos afortunados no mundo. Terminada a prece, é chegado o momento de os participantes compartilharem entre si cada sensação, cada mensagem, cada sinal recebido, resgatando assim tudo o que aconteceu no círculo.

EXERCÍCIOS PSÍQUICOS BÁSICOS

O sucesso no mundo espiritual é medido pela sensitividade do indivíduo. Trabalhe com a meditação e o círculo. Ambos prepararão você para sentir e, talvez, para ver e ouvir os espíritos.

Chegará o tempo em que você estará pronto para pôr em prática suas habilidades espirituais e psíquicas. Como já enfatizei, tudo é energia. Depois de seu período de preparação, você pode começar a utilizar essa energia para verificar o que consegue captar dela. A seguir, algumas maneiras de testar suas habilidades.

Psicometria

A psicometria é a habilidade de sentir a história de um objeto ou de seu dono através da energia que ele emana. A psicometria pode ser usada com alguém que esteja no outro lado ou com alguém que ainda viva no plano terreno. Primeiro, entre num estado meditativo em que esteja totalmente relaxado. A seguir, segure um objeto em sua mão esquerda e sinta a energia que se desprende dele. Você pode receber impressões ligadas às características físicas ou emocionais do dono do objeto, esteja ele vivo ou no mundo espiritual. Não comece a raciocinar muito sobre o que está recebendo e não guarde para si as impressões transmitidas. Expresse exatamente o que estiver recebendo.

Escrita automática

A escrita automática é um exercício usado especificamente por aqueles que desejam contatar espíritos-guias e seus entes queridos. Para ser realizada, exige previamente toda uma prática de meditação. O espírito precisa ser notificado, por uma mensagem mental, da hora e do lugar exatos em que será feito o trabalho. Quando chegar a hora acertada, entre em meditação em um ambiente onde nada possa distraí-lo. A seguir, sente-se ereto junto a uma mesa, com um bloco de papel e uma caneta diante de você. Muito suavemente, segure a caneta de encontro ao papel. Não pense naquilo que vai escrever. Quando sentir uma modificação na energia à sua volta, ou em sua mão, comece a dirigir perguntas ao espírito. Na maioria dos casos, a pessoa sente uma espécie de premência de escrever – simplesmente obedeça-a. Insisto: não pense naquilo que vai escrever. É recomendável que sequer olhe para o papel, até terminar. Quando sentir que a energia foi embora, deixe de lado a caneta e leia o que seu amigo espiritual lhe enviou. Você pode ficar muitíssimo surpreso com aquilo que recebeu.

Sonhos

Muitas pessoas já me perguntaram se é possível alcançar aqueles que já partiram através dos sonhos. Há uma resposta inequívoca para esta pergunta: SIM!

Toda noite o corpo espiritual deixa o corpo físico, quando estamos adormecidos. O corpo físico é reabastecido de energias cósmicas, e o mesmo ocorre com o corpo espiritual, em um plano mais elevado.

Sonhando, é mais fácil captar impressões provenientes do espírito, porque não estamos absorvidos por nosso nível consciente. No corpo espiritual, somos muito mais capazes de ver as pessoas queridas já falecidas, assim como nossos guias, e possivelmente prever eventos futuros ou rever nossas vidas passadas. A melhor maneira de alcançar um espírito durante o sono é pensar nele antes de adormecer. Muitos clientes meus não se lembram das visitas que receberam, ou lembram-se apenas de relances, pedaços soltos. Normalmente, nossos sonhos não fazem qualquer sentido. Recordar os sonhos requer prática e disciplina.

Uma das melhores maneiras de recordar nossos sonhos é manter um gravador junto à cama e, logo ao acordar, registrar todas as impressões, cenas e sensações dos sonhos. Se você se habituar a gravar seus sonhos, ficará impressionado ao verificar como isso aumentará a sua capacidade de lembrar-se deles.

Visões

Muitas pessoas já me afirmaram que viram pessoas queridas de pé, no quarto, junto a suas camas, ou sentadas em uma cadeira da sala. Quando você é mais receptivo e menos bloqueado mentalmente, é muito possível que isso aconteça.

Fazer um pacto

Outro exercício para contatar o mundo espiritual consiste simplesmente em pedir ao seu espírito amigo para estar presente numa hora determinada do dia. Explique-lhe que você pretende comprovar sua existência por meio de uma tarefa específica simples. Por exemplo, uma cliente que perdeu um filho pedia a ele todas as noites: “Deixe um sinal para eu saber que você está aqui. Pisque as luzes da rua uma vez se a resposta for sim e duas vezes se for não.” Depois de dois meses repetindo diariamente esse pedido, o espírito do filho respondeu exatamente da maneira como lhe era pedido. Pode ser que nem todas as pessoas que tentem algo assim tenham êxito. Lidando com a energia dos espíritos, descobrimos que a maneira mais fácil de demonstrarem sua presença é por meio de algum tipo de energia elétrica, causando efeitos em aparelhos ou dispositivos elétricos da casa. Isso acontece principalmente quando a pessoa falecida tinha alto teor emocional.

Resultados

Abaixo, relacionamos algumas maneiras pelas quais os espíritos comunicam sua presença àqueles a quem amam, sem necessidade de valer-se de um médium.

LUZES. Muitas vezes, você verá as luzes da sala piscarem, ou lâmpadas novas queimarem-se de repente. Isso acontece quando o espírito passa muito tempo junto a você ou quando quer chamar sua atenção.

TELEVISÃO. É reconhecido que os espíritos possuem a capacidade de embaralhar as imagens dos aparelhos de tevê. Há casos em que o rosto do espírito aparece na tela, ou em que o aparelho liga e desliga sozinho, nas horas mais estranhas.

RÁDIOS. Os aparelhos de rádio-relógio junto à cama das pessoas mais próximas do espírito podem ligar-se em horas diferentes. Em alguns casos, trata-se de uma hora com um sentido especial para a pessoa falecida. O rádio também poderá ligar-se quando uma música extremamente significativa estiver tocando.

MÚSICA. Muitas vezes, os espíritos imprimem em você uma canção ou o fazem pensar neles quando escuta determinada música.

RELÓGIOS. Já foi relatado em diversas ocasiões que relógios podem parar no exato segundo em que a pessoa falece. Ou pode acontecer de o relógio parar de funcionar sem razão aparente.

TELEFONES E SECRETÁRIAS ELETRÔNICAS. Depois que alguém morre, é possível receber uma chamada telefônica sem que ninguém fale do outro lado da linha. Ou você poderá até mesmo escutar a voz daquele espírito. Há casos relatados em que a voz ficou registrada na secretária eletrônica.

ELETRODOMÉSTICOS. Como se sabe, muitas vezes equipamentos domésticos param ou começam a funcionar repentinamente sem que ninguém mexa neles. Esse é outro modo de os espíritos chamarem sua atenção. Encontrei vários desses casos, especialmente se um espírito costumava, durante a vida, dedicar-se à culinária ou passava grande parte do seu tempo na cozinha.

COMPUTADORES. Ultimamente tornou-se bastante comum o chamado FVE – Fenômeno da Voz Eletrônica. Os espíritos não só são capazes de utilizar os telefones e as secretárias eletrônicas como também aparecem nas telas dos computadores. Não há quem explique uma ocorrência como essa. O espírito deseja apenas reafirmar para um ser amado que ainda está vivo.

OUTROS SINAIS

CHEIROS. Um sinal muito comum é o cheiro da pessoa falecida. De repente, alguém percebe um perfume, um odor – por mais fraco que seja – de algo familiar associado a alguém que partiu. Esses odores são maneiras de aqueles que nos amam nos deixarem saber que estão próximos.

PRESENTES. Os espíritos mandam muitos presentes, mas não os relacionamos com nossos entes queridos. Às vezes, no meio de uma sessão, o espírito diz: "Espero que tenha gostado daquele colar que comprei para você na semana passada." O consulente me olha sem compreender, e eu explico que o espírito pode nos conduzir a comprar certas coisas. Uma das maneiras como os espíritos intervêm em nosso favor é, por exemplo, quando estamos tendo dificuldade para fechar certo negócio e o espírito nos ajuda a resolvê-lo, ou quando repentinamente conseguimos o emprego que tanto queríamos. Esses são sinais de que aqueles com quem compartilhamos nosso amor continuam conosco, zelando por nós.

ANIMAIS. Os animais são muito usados pelos espíritos. Várias vezes os espíritos conseguem influenciar um pássaro ou algum animal de pequeno porte, levando-o a chamar nossa atenção de alguma maneira. Esse é outro sinal da proximidade do espírito.

Certa vez, por ocasião da morte de uma grande amiga minha, fui a Nova York, que nessa época estava debaixo de meio metro de neve, para visitar seu túmulo. Tive alguma dificuldade em localizá-lo, até que, de repente, um caminhão parou junto a mim e um zelador do cemitério saltou. Perguntei onde encontrar a sepultura.

– Você está olhando justamente para o túmulo que procura! – ele disse.

Agradeci, ele voltou ao caminhão e afastou-se, dirigindo o veículo. Achei muita coincidência ter aparecido alguém no momento certo. Depois que ele foi embora, levantei os olhos para o nicho e vi um gaio de penas azuis brilhantes empoleirado no galho de uma árvore.

Lembre-se de que estava terrivelmente frio, com neve por toda a volta; mesmo assim, não dei muita atenção, até que mais tarde fui visitar o marido dessa minha amiga, Jack. Entrei na casa dele e as primeiras palavras de Jack foram:

– Se você quiser alguma lembrança de Connie, por favor, é só pegar.

Algo me fez virar a cabeça para a direita e, em uma prateleira, havia um pássaro azul de vidro olhando fixamente para mim.

FONTES

After We Die, What Then? Answers to Questions About Life After Death, de George W. Meek, publicado nos Estados Unidos por Metascience Corporation, Franklin, Carolina do Norte.

Everyone's Guide to the Hereafter de Ken Akehurst; transmitido por G. M. Roberts, publicado por Neville Spearman Publishers, C. W. Daniel Company, Essex, Inglaterra.

Kundalini and the Chakras: A Practical Manual – Evolution in This Lifetime, de Genevieve Lewis Paulson, publicado nos Estados Unidos por Llewellyn Publications, St. Paul, Minnesota.

Life in the World Unseen, de Anthony Borgia, publicado nos Estados Unidos por M. A. P., Midway, Utah.

The Mechanics of Mediumship, de Ivy Northage, publicado por Ivy Northage, Emsworth, Inglaterra.

Opening up to Your Psychic Self: A Primer on Psychic Development, de Peter Stevens, publicado nos Estados Unidos por Nevertheless Press, Berkeley, Califórnia.

The Transition Called Death: A Recurring Experience, de Charles Hampton, publicado nos Estados Unidos por Quest Books, Wheaton, Illinois.

CONHEÇA OS 30 CLÁSSICOS DA EDITORA SEXTANTE

O Código Da Vinci, *Anjos e Demônios* e *Fortaleza Digital*, de Dan Brown

Pais brilhantes, professores fascinantes, *Nunca desista de seus sonhos* e *Você é insubstituível*, de Augusto Cury

O monge e o executivo, de James C. Hunter

Um dia "daqueles", *O sentido da vida* e *Querida mamãe, obrigado por tudo*, de Bradley Trevor Greive

Por que os homens fazem sexo e as mulheres fazem amor?, de Allan e Barbara Pease

Os 100 segredos das pessoas felizes e *Os 100 segredos das pessoas de sucesso*, de David Niven

Enquanto o amor não vem, de Iyanla Vanzant

A última grande lição e *As cinco pessoas que você encontra no céu*, de Mitch Albom

A Dieta de South Beach, de Arthur Agatston

O ócio criativo, de Domenico De Masi

Não leve a vida tão a sério, de Hugh Prather

O Poder do Agora, de Eckhart Tolle

A vida é bela, de Dominique Glocheux

Palavras de sabedoria e *O caminho da tranqüilidade*, de Sua Santidade, o Dalai-Lama

Muitas vidas, muitos mestres e *Só o amor é real*, de Brian Weiss

Histórias para aquecer o coração, de Jack Canfield e Mark V. Hansen

Conversando com os espíritos, de James Van Praagh

Aprendendo a gostar de si mesmo, de Louise Hay

Mantenha o seu cérebro vivo, de Lawrence Katz e Manning Rubin

Aprendendo a silenciar a mente, de Osho

INFORMAÇÕES SOBRE OS PRÓXIMOS LANÇAMENTOS

Para receber informações sobre os lançamentos da EDITORA SEXTANTE, basta enviar um e-mail para
atendimento@esextante.com.br
ou cadastrar-se diretamente no site
www.sextante.com.br

Para saber mais sobre nossos títulos e autores, e enviar seus comentários sobre este livro, visite o nosso site:
www.sextante.com.br

EDITORA SEXTANTE
Rua Voluntários da Pátria, 45 / 1.404 – Botafogo
Rio de Janeiro – RJ – 22270-000 – Brasil
Telefone: (21) 2286-9944 – Fax: (21) 2286-9244
E-mail: atendimento@esextante.com.br